Sobre éstos o temas relacionados,
Fomento Educativo de Querétaro (Fomeq)
ha publicado previamente:

Dimensiones del comportamiento y la cultura organizacionales

La cultura organizacional

To Be or Not To Be:
A Map of Human Behavior

Liderazgo absoluto:

Ruptura y renovación de premisas y de prácticas

Mariano Ortega

fomeq
fomento educativo de querétaro

Copyright © **Mariano Ortega**

Primera edición 2018

Fomento Educativo de Querétaro (Fomeq)
fomeq@hotmail.com

Reservados todos los derechos.
Prohibida su reproducción parcial o total por cualquier medio o procedimiento que sea, incluyendo los medios electrónicos, la fotocopia y la grabación sin autorización previa y por escrito.

All rights reserved. No part of this publication may be reproduced, distributed, or transmitted in any form or by any means, including photocopying, recording, or other electronic or mechanical methods, without the prior written permission of the publisher, except in the case of brief quotations embodied in critical reviews and certain other noncommercial uses permitted by copyright law.

ISBN-13: 978-1979570503
ISBN-10: 1979570507

A la memoria de

Rolando Espinosa Ramírez

Contenido

Introducción 9

1. Antecedentes: El liderazgo del siglo XX 13
   1.1. Panorama y definiciones de liderazgo 16
   1.2. El liderazgo personal 19
   1.3. El liderazgo conductual 25
   1.4. El liderazgo contextual 38
   1.5. El liderazgo transaccional 50
   1.6. El liderazgo relacional 56

2. Nuevos paradigmas 59
   2.1. Dimensiones organizacionales 61
   2.2. Inteligencias múltiples 68

3. El siglo XX desde la perspectiva dimensional 73
   3.1. Teorías de liderazgo en una dimensión 74
   3.2. Teorías de liderazgo en dos dimensiones 79
   3.3. Teorías de liderazgo en tres dimensiones 86

4. Ruptura y renovación de premisas y prácticas 95
   4.1. Premisas del liderazgo del siglo XX 97
   4.2. Ruptura con premisas y con prácticas 102
   4.3. Renovación de premisas y de prácticas 105

5. El liderazgo absoluto 109
   5.1. El marco dimensional 112
   5.2. El marco relacional 118
   5.3. El marco contextual 128
   5.4. El marco distributivo 140

Bibliografía 151

Introducción

"No veo por qué a algunas personas les parece tan difícil entender el liderazgo; para mí, está muy claro: Yo soy el líder porque yo soy el jefe, punto."

"El líder nace, no se hace; por eso, son tan inútiles todos esos cursos que se ofrecen sobre liderazgo: ¡Lo que natura no da, Salamanca no presta! Lo hemos sabido desde siempre. Eso no se aprende. Se es o no se es."

"Yo soy el jefe. Todos lo tenemos muy claro. Pero yo mismo me doy cuenta de que en algunas o en muchas situaciones yo sería mucho más efectivo si dejara (como en ocasiones hago) que otro lleve la batuta. Logramos mejor los resultados y yo no me veo –ni siento que me ven– disminuido; al contrario. Pero no deja de hacerme ruido."

"Siempre me he rodeado de gente más lista que yo y cuando se requieren las habilidades particulares de alguien, dejo que ese alguien nos diga por dónde –esas son mis dos grandes cualidades."

"¿Abdicar mis responsabilidades y dejar –o empujar– que alguno de mis subalternos –aún momentáneamente– sea el líder? ¡Me pagan mucho dinero para que me lave las manos y le pase el paquete a otros! El único líder de mi equipo de trabajo soy yo: ¡para eso me pagan –y me pagan bastante!"

¿Qué es el liderazgo y por qué parece tan problemático? ¿Se trata simplemente de un nombramiento o de una posición jerárquica en el organigrama? ¿Se trata de un conjunto de características personales natas? ¿O de una relación particular entre jefe y subordinados? ¿Se ve afectado por la situación o el contexto? ¿O por la naturaleza del grupo y los seguidores?

Este libro presenta el liderazgo desde una perspectiva dimensional (Ortega, 2015a; 2016 y 2017). Esta visión dimensional encuadra el liderazgo como una capacidad de respuesta de un grupo o equipo de trabajo y de quienes lo integran, ante una situación particular en un contexto específico.

Esta capacidad de respuesta se apoya en las propias características de liderazgo de cada uno de los miembros del equipo de trabajo y en sus habilidades para leer las demandas específicas de la situación; las características y necesidades del equipo de trabajo en un contexto y un tiempo concretos; y, consecuentemente, responder a ellas con la efectividad requerida.

Como todos los modelos conceptuales, este modelo dimensional del liderazgo es un modelo que sirve tanto para *comprender* como para, en su caso, *actuar y optimizar* el liderazgo y su ejercicio.

El liderazgo en las organizaciones es inevitable; lo que no es inevitable es su constancia, su congruencia, su dirección o su efectividad.

Para ello, se propone un liderazgo absoluto que rompe con las premisas básicas del liderazgo tradicional del siglo XX y renueva sus concepciones y sus prácticas; un liderazgo absoluto que se caracteriza por ser dimensional, relacional, contextual y distributivo;

un liderazgo absoluto que maximiza la capacidad del grupo o equipo de trabajo.

El capítulo I sitúa históricamente algunas de las teorías del liderazgo en boga en distintos momentos del siglo XX; revisa sus premisas y sus prácticas; y bosqueja su transformación conceptual.

El capítulo II sintetiza dos de los nuevos paradigmas desarrollados a finales del siglo XX, *Dimensiones organizacionales* e *Inteligencias múltiples*, que inciden no sólo en la concepción y la práctica del liderazgo, sino en la comprensión de las organizaciones sociales como un todo, sus comportamientos y sus culturas.

El capítulo III ofrece una nueva visión de las teorías del siglo XX previamente revisadas en el capítulo I, al insertarlas en el universo de las *Dimensiones organizacionales* para hacer aún más evidentes las variables en que se apoyan.

El capítulo IV analiza y discute las premisas básicas y adicionales en que se sustentan las teorías del liderazgo del siglo XX. Plantea la ruptura con sus premisas básicas y la renovación de sus premisas adicionales; y establece las premisas del liderazgo absoluto.

Finalmente, el capítulo V conceptualiza el liderazgo absoluto; presenta los cuatro marcos en que se apoya (dimensional, relacional, contextual y distributivo); y esquematiza sus comportamientos y sus prácticas.

1. Antecedentes: El liderazgo del siglo XX

El liderazgo es tan antiguo como el ser humano y los grupos en los que ha estado inserto, aunque su conceptualización haya sido muy posterior.

Originalmente, se le descubre, se le define y se le atiende fundamentalmente en los ámbitos militar y político-gubernamental, inicialmente unidos.

Al líder se le percibe entonces como la persona cuyas cualidades personales innatas lo llevan a encabezar ejércitos y gobiernos y conducirlos a la victoria.

Incluso, por mucho tiempo, ha sido un lugar común manejar los nombres de Alejandro Magno (356-323 A.C.), de Julio César (100-44 A.C.), de Napoleón (1769-1821) o de Mahatma Gandhi (1869-1948) y de Winston Churchill (1874-1965), entre los grandes líderes históricos. El liderazgo es, simplemente, una cualidad personal, un atributo que se tiene o no se tiene.

Al contemplar precisamente al líder como la figura clave y decisiva en todo ejército [o si se quiere, en todo grupo humano], a Alejandro Magno se le atribuye la frase: "No le tengo miedo a un ejército de leones si es dirigido por un borrego; pero le temo mucho a un ejército de borregos dirigido por un león".

De ser cierta dicha atribución podría suponerse que para Alejandro Magno el líder es aquella persona capaz de llevar un grupo a la victoria, –o de conducirlo a lograr lo que busca– independientemente de la naturaleza y de las características de quiénes lo constituyen.

Codificada de muy diversas maneras en aparentemente muy diferentes definiciones, esa misma idea del líder se mantuvo inmutable por siglos en la noción de liderazgo.

Desde antes de nuestra era, el tema ha sido tratado –en esos ámbitos– por Confucio (571-479 A.C.), por Sun-tzu (544-496 A.C.); por Platón (427-347 A.C.); y por el maestro de Alejandro Magno, Aristóteles (384-322 A.C.). Y ya en nuestra era por Niccolò Machiavelli (1469-1527).

En el siglo XIX esa misma noción de liderazgo se utiliza para la interpretación histórica y en los años cuarenta de ese siglo, Thomas Carlyle plantea lo que habrían de ser los postulados de la "Teoría del Gran Hombre", que parte de la premisa de que el liderazgo es un rasgo personal –como el carisma– con el que nacen algunos individuos. En ese sentido, para Carlyle, la historia entera no sería sino "las biografías de esos grandes hombres" (1841:34).

A principios del siglo XX, de los ámbitos militar, político e histórico, el término se incorpora al ámbito organizacional.

No fue una incorporación o un préstamo casual.

Por una parte, la estructuración y administración de ejércitos como el prusiano y el gobierno de instituciones religiosas como la Iglesia Católica habían servido de modelos para el estudio de las organizaciones (Weber, 1922; 1944).

Y, por la otra, lo que Ortega y Gasset llamaría "las ideas que el tiempo posee", el *zeitgeist* del siglo XX, especialmente en su primera mitad, se estaba centrando en el ser humano y en el papel que sus percepciones personales, su emotividad, y su sentido de afiliación jugaban en los grupos sociales, incluyendo las organizaciones (Mayo, 1933).

Es en este contexto que, en los comienzos del siglo XX, el concepto de liderazgo se incorpora como preocupación y como objeto de estudio en el ámbito de las organizaciones sociales.

1.1. Panorama y definiciones de liderazgo

El término *líder* le llega al español del inglés *leader*; que el propio Diccionario de la Academia Española traduce como *guía* y define como "la persona que dirige o conduce un partido político, un grupo social u otra colectividad".

La etimología de *leader*, a su vez, viene del inglés antiguo *lædere,* "el que conduce, el que guía", del verbo *læden,* "guiar, conducir".

En el ámbito militar, con designaciones variables, se refiere a la figura del caudillo –inicialmente, situado a la cabeza de su gente en los campos de batalla; posteriormente, actuando como el gran estratega que puede o no acompañar a sus tropas.

En el ámbito de la historia, Carlyle utiliza el término de héroe –y en ese concepto puede incluir al dios mitológico Odin, a Cromwell, a Napoleón, a Shakespeare, a Dante, a Rousseau y a Lutero (Carlyle, 1841).

En el ámbito organizacional, no sólo se le asocia, sino que, frecuentemente, se le confunde con la persona que detenta la jerarquía formal –independientemente de su nivel o de su designación oficial (jefe, gerente, director, etc.)– llegando en algunos casos a comprenderse y a utilizarse como sinónimo del título del puesto del superior jerárquico.

Tan es así, que, en las últimas décadas del siglo XX, en las universidades de los E.E.U.U. y del Reino Unido, la disciplina académica de la Administración Educativa (*Educational Administration or Managment*), enfocada en la preparación de jefes y directivos educativos, se rebautizó de manera generalizada con el nombre de Liderazgo Educativo (*Educational Leadership*).

En el campo organizacional, existen casi tantas definiciones de liderazgo y de líder como autores han escrito sobre el tema (Fiedler, 1971:1; Stogdill, 1974:7)).

De hecho, para finales del siglo XX, Rost estimaba en más de 200 las definiciones *diferentes* de liderazgo (Rost, 1991); mientras que unos años más tarde, Bennis calculaba que sobrepasaban las 650 (Bennis y Townsend, 1995).

El denominador común de esas definiciones de liderazgo del siglo XX podría decirse que involucra una persona central, el (la) *líder*, quien a través de distintas maneras logra que sus *seguidores* alcancen la meta buscada.

Esas maneras pueden ser tan diversas como sus rasgos personales (carisma, simpatía, inteligencia, imagen, etc.); sus comportamientos (persuasivo, demandante, atento, estricto, etc.); sus recursos (conocimientos, poder, dinero, etc.); o su lectura de las variables involucradas (necesidades de sus seguidores, naturaleza de la situación, demandas del contexto, etc.).

Así, durante el siglo XX, los estudios del liderazgo en las organizaciones se fueron desarrollando atendiendo paulatinamente cada una de esas maneras y, en muchos casos, sumando unas a otras –a partir del paradigma fundamental que concibe el liderazgo como el *rasgo personal innato* de un individuo.

Un paradigma es el conjunto de premisas que integran el patrón aprobado y compartido; la postura universalmente aceptada –por estudiosos y especialistas en un campo determinado del saber– para entender y estudiar un objeto de estudio y que, por un tiempo determinado, les ofrece tanto las interrogantes, como los procesos y las soluciones modelos que dichos especialistas utilizan para comprender, delimitar e investigar dicho objeto de estudio (Kuhn, 1970).

Por decirlo de otra manera, un paradigma es el punto de partida –ya incuestionado e incuestionable en sí– para el análisis y la investigación de un objeto de estudio.

El paradigma del liderazgo vigente durante el siglo XX, en suma, está integrado por dos premisas básicas: El liderazgo es (1) una cualidad personal del individuo; (2) y es una cualidad con la que nace.

Como los especialistas, investigadores y estudiosos "pueden estar plenamente de acuerdo en la existencia e identificación de un paradigma, sin necesariamente ponerse de acuerdo en su interpretación o en su justificación" teórica (Kuhn, 1970:44), eso es lo que sucede.

Y aunque "para comprender perspectivas alternas o diferentes a las propias es indispensable que el estudioso sea plenamente consciente de las premisas en las que su propia perspectiva o paradigma se apoya" (Burrell y Morgan, 1979:ix), parten de ese paradigma –sin cuestionarlo ni investigarlo– y en él se apoyan, para la realización de todas sus investigaciones y trabajos posteriores.

Por ello, y precisamente por ser ése el paradigma, los estudios, trabajos y teorías iniciales sobre el liderazgo, se enfocan no en investigar ni en confirmar si el liderazgo es una cualidad personal o si verdaderamente se nace con ella, sino en descubrir *cuál* o *cuáles* son esas cualidades individuales que hacen el liderazgo posible.

1.2. El liderazgo personal

En las primeras décadas del siglo XX, y con sus orígenes en la visión decimonónica de Carlyle y su Teoría del Gran Hombre, los primeros estudios del liderazgo en las organizaciones se enfocan totalmente en la búsqueda de aquellos rasgos personales que caracterizaban a esos grandes hombres y que hacían posible ese liderazgo.

Estos estudios –centrados total y exclusivamente en la *persona* del líder y en los rasgos que le confieren su cualidad de líder– mantienen, por una parte, la postura inicial de comprender el liderazgo como una cualidad individual con la que se nace; y por la otra, buscan identificar y esclarecer con certeza la naturaleza de los rasgos personales que les confieren a ciertas personas esa cualidad de líder.

Así se generan las Teorías del Liderazgo como Rasgo(s) Personal(es), estrechamente ligadas a la Teoría del Gran Hombre tanto en el aspecto de considerar el liderazgo como personal; como en el aspecto de verlo como innato.

Estas teorías, las primeras aproximaciones sistemáticas al estudio del liderazgo en las organizaciones, se enfocan, pues, en la búsqueda y en la definición de los rasgos individuales específicos.

Tienen una primera vigencia durante el primer cuarto del siglo XX (Terman, 1904; Kohs e Irle, 1920; Bowden, 1926; Cowley, 1928); resurgen a mitad de siglo con los trabajos de Stogdill (1948) y Mann (1959); y, finalmente, reaparecen a finales del siglo (Kirkpatrick y Locke, 1991; Judge, Bono, Ilies, & Gerhardt, 2002; Zaccaro, 2007) con una atención especial en la validez estadística de los rasgos propuestos.

Debe hacerse notar, sin embargo, que independientemente de estos resurgimientos, las teorías del liderazgo como rasgo personal se mantienen siempre presentes durante todo el siglo XX, como el substrato básico de todas las teorías y estudios posteriores.

La investigación inicial se centra, pues, como se ha dicho, en descubrir los rasgos característicos de las grandes personalidades históricas, militares y políticas buscando identificar los rasgos que aparecieran como un común denominador que explicara ese liderazgo.

"El enfoque para el estudio del liderazgo ha sido y tal vez siempre debe ser a través del estudio de los rasgos " (Cowley, 1928:144).

Originalmente se parte de los rasgos identificados por el propio Carlyle, tales como carisma, inteligencia, sabiduría o habilidades políticas (Carlyle, 1841).

Posteriormente y conforme se van ampliando y profundizando las investigaciones, esos rasgos personales se van incrementando. Y, aunque no todas están expresamente vinculadas al liderazgo, en 1936, Allport lista 4,000 rasgos diferentes (Allport,1937).

En 1947 Stogdill analizó 124 rasgos de los manejados entre 1904 y 1947, incluyendo inteligencia, atención o grado de alerta, responsabilidad, iniciativa, persistencia, sociabilidad y confianza en sí mismo, aunque anotó que no todos los rasgos eran siempre igualmente relevantes en todos los casos (Stogdill, 1948).

Los rasgos personales de un líder identificados por Stogdill
Inteligente
Alerta
Responsable
Con iniciativa
Persistente
Confianza en sí mismo
Sociable

(Stogdill, 1948)

En 1970, analizó 163 rasgos de los mencionados por los especialistas entre 1948 y 1970, incluyendo empuje, introspección, cooperación, tolerancia e influencia; mantuvo los rasgos previamente seleccionados con la excepción de inteligencia y atención o grado de alerta; pero para entonces, ya hizo hincapié en que, para el liderazgo, los rasgos personales del líder eran tan importantes como la situación que enfrentaba (Stogdill, 1974).

En 1974, elimina **Inteligente** y **Alerta** y añade
Con empuje
Introspectivo
Cooperador
Tolerante
Influyente

(Stogdill, 1974)

A pesar de ello, a finales de los 80 y principios de los 90 del siglo pasado, vino una nueva reafirmación de la importancia central de los rasgos personales del líder al ver como una confirmación de que "los lideres no son como las otras personas"; de que difieren de ellas en su empuje, deseo de liderazgo, integridad, honestidad, confianza en sí mismos, habilidades cognoscitivas y conocimiento de su mundo de negocios (Kirkpatrick y Locke, 1991).

Por su parte, Mann, a finales de los 50, concluyó que los rasgos personales significativos del líder eran la inteligencia, la masculinidad, la adaptación, la dominancia, la extroversión, y el ser conservador (Mann, 1959).

Los rasgos personales del líder identificados por Mann
Inteligente
Masculino
Adaptado
Dominante
Extrovertido
Conservador

(Mann, 1959)

Finalmente, mucha de la investigación de finales del siglo XX, se centró en el análisis estadístico riguroso de los rasgos previamente asociados al liderazgo por estudios previos, especialmente los manejados por Mann (1959) (Judge, Bono, Ilies, y Gerhardt, 2002; Zaccaro, 2007).

Los rasgos personales del líder identificados por Judge, Bono, Ilies, y Gerhardt
Extrovertido
Hace las cosas a conciencia
Abierto a nuevas experiencias
Neurótico
Agradable

(Judge, Bono, Ilies, y Gerhardt, 2002)

1.3. El liderazgo conductual

Entre 1924 y 1932 se llevaron a cabo una serie de estudios organizacionales de campo en la Compañía Western Electric, en su filial de Hawthorne en Chicago, Illinois, E.E.U.U.

Su objetivo era determinar la relación óptima entre el nivel de iluminación y el grado de productividad de los trabajadores operando en esas condiciones. El estudio incluyó, asimismo, otros aspectos, tales como la incidencia de recesos, comportamientos grupales, etc.

Más allá del grado de iluminación y su relación con la productividad, los estudios descubrieron el lado humano de las organizaciones. Pusieron en el centro de una ecuación que sólo los contemplaba marginalmente, a los trabajadores en toda su integridad como seres humanos –con afectos, motivaciones, gustos, preferencias, simpatías, voluntad, sociabilidad, satisfacciones e insatisfacciones, etc. –así como a las redes de interacción social, los grupos de las que forman parte, y cuyas normas, estándares y juicios influyen definitoriamente en sus maneras de ser y en sus conductas (Mayo, 1933).

Estos estudios dieron lugar al movimiento que ocuparía la segunda parte del siglo XX, el movimiento o escuela de Relaciones Humanas (Mayo, 1933; Maslow 1943, Herzberg, 1964; McGregor, 1960; entre otros).

Una primera consecuencia fue que sustrajo al líder del aislamiento teórico en el que lo habían concebido y estudiado las Teorías del Liderazgo Personal. El líder no está solo; sus rasgos influyen en cómo se comporta; y sus comportamientos involucran y afectan determinantemente a quienes deben seguirlo.

A partir de este momento, todos los estudios y las teorías de liderazgo posteriores van a tener que contender con una nueva variable, los seguidores.

Así, una segunda etapa en las teorías del liderazgo –que va desde finales de los años 30 hasta finales de los 70– lo constituyen las Teorías del Liderazgo como Conducta.

A su vez, éstas podrían agruparse en dos vertientes ligeramente diferentes: La primera está centrada en el estilo natural de liderazgo del líder y la segunda, en las opciones de comportamiento generadas por dos variables, la laboral y la humana.

A. El liderazgo como estilo

Implícita o explícitamente, la premisa –para esa primera vertiente– es que los rasgos personales del líder determinan, le generan o lo conducen a exhibir un comportamiento típico particular; un estilo de liderazgo.

El foco de atención sigue centrado en la persona del líder, pero no ya en sus rasgos personales como tales, sino en los estilos de conducta a los que estos rasgos lo conducen.

DuBrin define el estilo de liderazgo como "el patrón de conducta relativamente consistente que caracteriza a un líder" (1995:112).

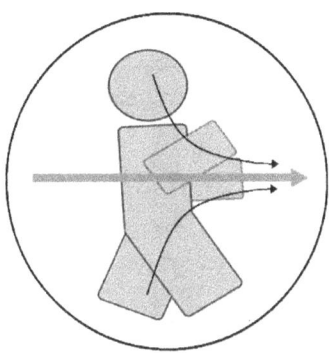

En 1922, Max Weber identifica tres estilos posibles para el liderazgo a partir de lo que él considera como "los tres tipos puros de autoridad legítima": la autoridad apoyada en la racionalidad y en la legalidad; la autoridad apoyada en las tradiciones y el precedente; y la autoridad generada por el carisma personal (Weber, 1922).

Estilos de liderazgo de Max Weber
Legal-racional
Tradicional
Carismático

(Weber, 1922)

El liderazgo legal-racional, es un liderazgo de "carácter racional basado en la confianza en la legalidad de directivas, instrucciones y normas emanadas de aquéllos con el derecho organizacional y contractual para ejercer esa autoridad (autoridad legal)".

El liderazgo tradicional es un liderazgo basado en "la fe cotidiana en la santidad de la tradición y en la legitimidad de aquéllos investidos por la tradición para ejercer su autoridad (autoridad tradicional)".

El liderazgo carismático es un liderazgo "basado en la devoción extraordinaria generada por la santidad, el heroísmo, o la naturaleza ejemplar de una persona y a las órdenes o directrices emanados de ella (autoridad carismática)" (Weber, 1922).

Lewin, Lippit y White (1939), centran sus investigaciones en la toma de decisiones por parte del líder y reconocen tres estilos diferentes de liderazgo.

Estilos de liderazgo de Lewin, Lippit y White
Autocrático
Democrático
Laissez-faire

(Lewin, Lippit y White, 1939).

El estilo autocrático describe a un líder que decide por sí mismo e impone su decisión sobre sus seguidores.

El democrático, cuando involucra a sus seguidores, sin que él mismo pierda el control último de la decisión.

Y finalmente, laissez-faire, cuando el líder se desentiende y deja que sus seguidores decidan.

En ninguno de los casos se trata de una conducta que responda a las necesidades o demandas de sus seguidores. Por el contrario, en los tres casos el líder está asumiendo la conducta o el estilo que va más acorde con su propio perfil.

Dentro de esta misma línea, Tannenbaum y Schmidt (1958) desarrollan su teoría en torno a un continuo de estilos de liderazgo en el que identifican siete posibilidades a partir de dos variables inversamente complementarias: (1) el uso de su autoridad por parte del jefe y (2) el área de libertad o autonomía de sus subordinados.

Así, este continuo va desde un estilo de liderazgo centrado en el jefe mismo, hasta el extremo opuesto de un estilo de liderazgo centrado en los subordinados.

Las siete posibilidades que identifican incluyen desde que el jefe toma unilateralmente su decisión y literalmente se las impone a sus subordinados, hasta que el jefe permite que sus subordinados operen libremente dentro de los constreñimientos y parámetros fijados por el superior.

El continuo incluye cinco pasos intermedios, cada uno disminuyendo la unilateralidad autocrática del jefe y aumentado el grado de participación y de autonomía de sus subordinados: El jefe les "vende" la decisión a sus subordinados; presenta sus ideas e invita cuestionamientos; plantea una decisión tentativa sujeta a cambios; plantea el problema, recibe sugerencias y decide; o fija límites y le pide al grupo que decida (Tannenbaum y Schmidt, 1958).

Continuo de estilos de liderazgo

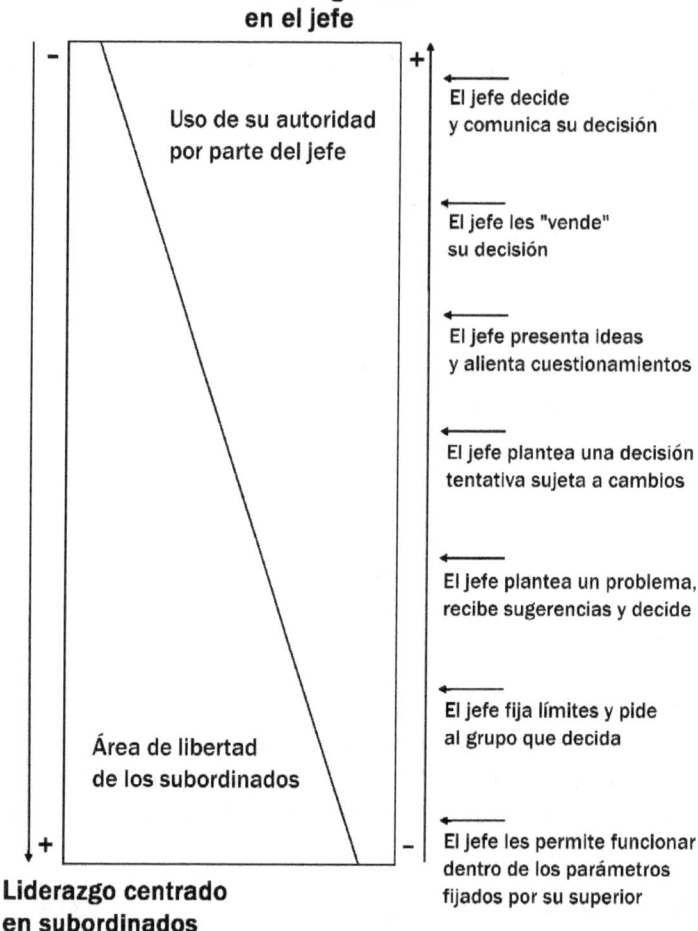

(Tannenbaum y Schmidt, 1958)

Likert, por su parte, propone un continuo –en cuyos extremos sitúa dos estilos básicos, autoritario y participativo– dividido en cuatro estilos concretos: Explotador autoritario, Benevolente autoritario, Consultivo y Participativo grupal (Likert, 1961, 1967).

Para darle una nomenclatura más neutral, los estilos son también designados como sistemas 1, 2, 3 y 4, aunque Likert explicita las ventajas del sistema 4 (Likert, 1967:190-191).

Los cuatro sistemas de Likert

Los cuatro sistemas de Likert

Autoritario	Sistema 1	Explotador autoritario	Se desconfía de subordinados. Poca interacción. El jefe decide y da órdenes.
	Sistema 2	Benevolente autoritario	Condescendencia y desconfianza hacia subordinados. Interacción limitada. El jefe decide. Puede haber alguna oportunidad de comentarios.
Participativo	Sistema 3	Consultivo	Confianza e interacción moderadas. Las decisiones se toman depués de consultas con subordinados.
	Sistema 4	Participativo	Plena confianza e interacción amplia y amistosa. Las decisiones se toman de manera participativa.

(Likert, 1961; 1967)

El estilo explotador autoritario o sistema 1 implica un líder suscrito a la teoría X (McGregor, 1960), que desconfía de sus subordinados y por lo tanto simplemente da órdenes y supervisa su cumplimiento cabal.

En el estilo benevolente autoritario o sistema 2, el líder se ha desplazado ligeramente hacia la teoría Y de McGregor y sin confiar en sus subordinados, muestra una mayor condescendencia con una interacción limitada. Él sigue decidiendo, pero los comentarios de sus subalternos son posibles.

En el estilo consultivo o sistema 3, el líder se sigue desplazando hacia la teoría Y; existe una relativa confianza en sus subordinados, aunque aún la interacción es moderada. Las decisiones las toma el líder después de consultar a los subordinados.

El estilo participativo grupal o sistema 4, implica que el líder se suscribe totalmente a la teoría Y. Existe plena confianza en sus subordinados en medio de una interacción amplia y amistosa. Las decisiones se toman de manera totalmente participativa (Likert, 1961; 1967).

B. El liderazgo como comportamiento

Aunque también, implícita o explícitamente, la premisa es que los rasgos personales del líder lo hacen tender hacia determinados comportamientos, en esta segunda vertiente se incorporan, con diversos grados de centralidad, tanto la presencia y participación de los seguidores, como la posibilidad de que el líder modifique o elija su comportamiento.

En este sentido, aunque el líder sigue siendo el foco de atención de estas teorías, también se incluye a los seguidores y abre la posibilidad de cambios y aprendizajes en el comportamiento del líder.

Y aunque Tannenbaum y Schmidt (1958) hablaban ya de "escoger un estilo de liderazgo", ellos mismos admiten que "tal vez [su postura] facilitaba simplemente la justificación del estilo" que ya tuviera el o la líder (Tannenbaum y Schmidt, 1973:167).

Las teorías agrupadas en esta segunda vertiente, sin embargo, manejan ya un comportamiento determinado por dos variables claramente establecidas aunque bautizadas de muy diversas maneras, la tarea y la gente; parámetros dentro de los cuales podía –con un grado mayor de decisión y conciencia– conducirse el liderazgo.

Estás teorías, en suma, se enfocan ya no en lo que los líderes *son*, o qué estilos tienen, sino en lo que los líderes *hacen*; en cómo se *conduce*n.

Estas formas de conducirse son afectadas por las premisas –generalmente inconscientes, incuestionables e incuestionadas– que el líder tiene sobre sí mismo y sobre su gente (McGregor, 1960); sobre qué necesidades tienen (Maslow, 1970); en qué medida están satisfechas (Herzberg, 1964); etc.

Entre 1945 y 1955 en la Universidad de Ohio State se llevaron a cabo una serie de estudios para determinar las variables que determinaban el comportamiento del líder (Fleishman, 1953; Korman, 1966).

Se identificaron dos variables, *consideración* e *iniciación de estructura*. *Consideración*, se refiere al grado en el que líder tiene una relación de respeto mutuo con sus subordinados y considera o toma en cuenta sus ideas y sus sentimientos. *Iniciación de estructura*, en cambio, se refiere al grado en el que el líder define metas; estructura procesos y tareas; y establece las funciones y papeles tanto de sus subordinados como de sí mismo (Fleishman, 1953).

Los estudios de liderazgo de Ohio State

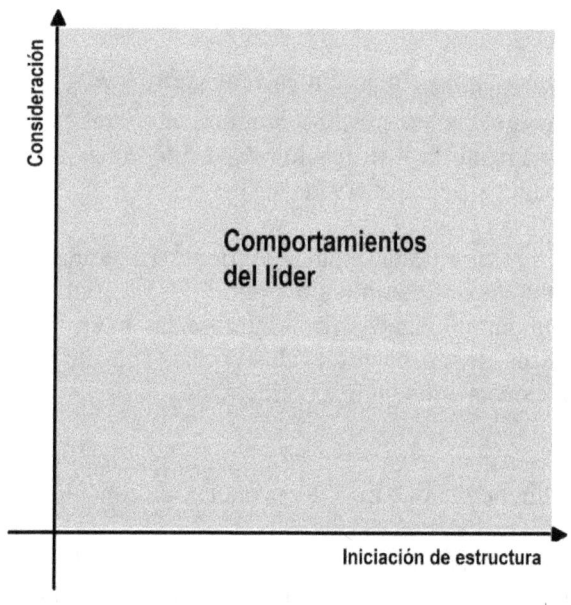

Paralelamente, en los años 50 del siglo pasado, en la Universidad de Michigan se realizaron una serie de estudios para identificar las variables en las conductas del líder que optimizaban la satisfacción en el trabajo y la productividad.

Se identificaron dos variables: *orientación a los empleados* y *orientación la producción*. La orientación a los empleados se enfoca en la preocupación por las relaciones personales y por las necesidades y sentimientos de los empleados en tanto seres humanos. La orientación a la producción se refiere a los aspectos técnicos y procesales del trabajo. Dirigidos por Rensis Likert, estos estudios generaron las bases para el establecimiento de sus cuatro sistemas de liderazgo y condujeron a su preferencia por su Sistema 4 (Likert, 1961, 1967).

Los estudios de liderazgo de Michigan

Aunque con nombres diferentes, estos dos mismos ejes son los que Blake y Mouton utilizan para establecer y graficar su *Grid gerencial*. En vez de *consideración* o de *orientación por los empleados*, lo denominan *preocupación por la gente*. En vez de *iniciación de estructura* o de *orientación por la producción*, utilizan *preocupación por la producción*.

El grid gerencial

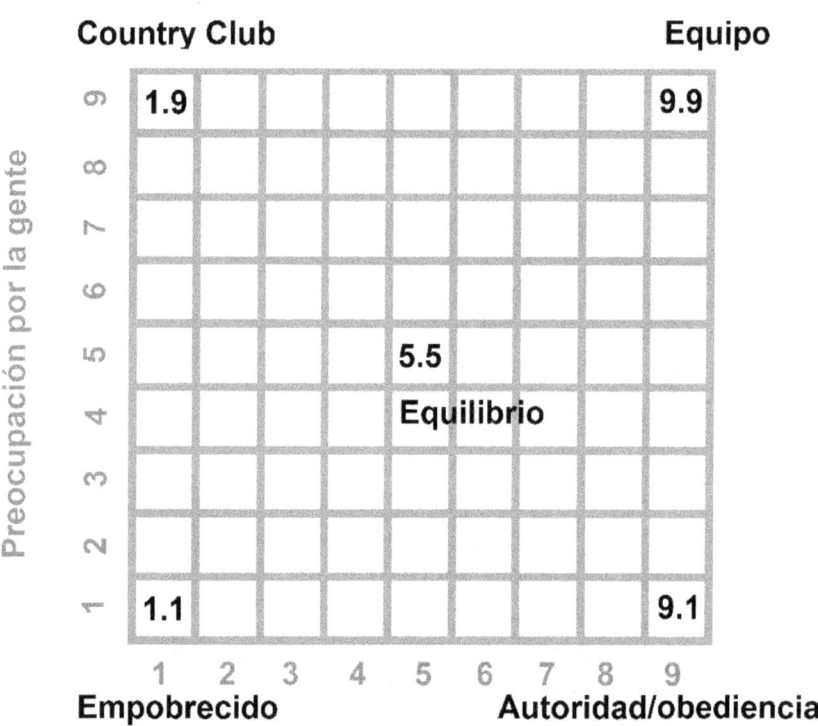

(Blake y Mouton, 1964)

El rango potencial de comportamientos del líder sigue siendo el mismo que en los dos casos anteriores.

Para ilustrar ese rango, Blake y Mouton lo ejemplifican deteniéndose y comentando los comportamientos definidos por las coordenadas 1,1; 1,9; 5,5; 9,1; y 9,9.

Denominan un *liderazgo empobrecido* a aquél que no se preocupa ni por la producción ni por la gente (1,1): Se hace un mínimo esfuerzo por atender tanto el trabajo como la gente, simplemente para sobrevivir en la organización.

Mientras que el *liderazgo country club* es aquél que se preocupa totalmente por la gente sin preocuparse para nada de la producción (1,9): Atiende las necesidades de relación de su gente en una atmosfera agradable y amistosa, aunque apenas productiva.

En el *liderazgo de equilibrio*, el líder se preocupa moderadamente, pero en igual medida por la producción y por la gente (5,5): En una atmósfera aceptable atiende adecuadamente la producción.

Cuando el líder sólo se preocupa de la producción sin preocuparse en absoluto por la gente lo denominan *autoridad/obediencia* (9,1): En una atmósfera represiva y autoritaria se enfoca totalmente en la producción.

Finalmente, consideran un *liderazgo de equipo*, aquél en el que el líder muestra una preocupación absoluta por la gente, pero se preocupa por la producción en igual medida (9,9): En una atmósfera de confianza y apoyo mutuos, el grupo se enfoca, en libertad y de *motu propio* a lograr los objetivos buscados (Blake y Mouton, 1964).

1.4. El liderazgo contextual

El liderazgo contextual –vigente durante los últimos cuarenta años del siglo XX y los primeros años del XXI– comprende las teorías de liderazgo que, a las dos variables manejadas previamente dentro del liderazgo conductual, la gente y la tarea, le añaden una tercera variable que refleje la situación o el contexto en el que dicho liderazgo se lleva a cabo.

Aunque conocidas con denominaciones diferentes, como liderazgo situacional, teoría de la contingencia, liderazgo contingente, etc., en todos los casos se trata de sumar –a las dos variables manejadas por las teorías previas– una variable que incorpore el contexto.

A pesar de los cambios, las teorías del liderazgo como rasgo personal y como estilo siguen vigentes como sustrato implícito, en el sentido de que, muchas de las veces, al analizar el contexto, más que definir los cambios conductuales que deben operarse en el líder para mejor responder a éste, se tiende a hablar de qué personalidades o estilos de líderes serían los deseables para una situación o un contexto dados (Lawrence y Lorsch, 1967; Fiedler, 1972).

Para incorporar el contexto a sus teorías, sin embargo, cada una de las teorías siguientes añade una variable diferente.

La variable que Fred E. Fiedler suma a las variables previas de atención a la gente y atención a la tarea, es la del *poder* del líder (Fiedler, 1958, 1967, 1984).

Fiedler desarrolló su teoría a partir de un estudio de campo (1951-1957) que buscaba determinar el papel que las percepciones interpersonales jugaban en la productividad del grupo o equipo como un todo (Fiedler, 1958).

Así, Fiedler bosqueja ocho situaciones potenciales de acuerdo a cuán favorables éstas pueden ser para el ejercicio del liderazgo, y en las que la situación I es totalmente favorable; mientras que la VIII, totalmente desfavorable.

Esta evaluación de la situación depende de los valores que, en cada una de ellas tiene cada una de las tres variables independientes que maneja en su modelo: atención a las *relaciones* con la gente; atención a la *tarea*; y el *poder* que detenta en realidad el líder.

El *poder* se refiere a la capacidad del líder para otorgar recompensas y sanciones; a su grado de autoridad sobre los miembros del grupo o equipo de trabajo; y al apoyo organizacional con el que cuenta.

Fiedler utiliza dos valores para incorporar cada una de esas tres variables a su modelo: *relaciones* buenas o malas; *tarea,* estructurada o no estructurada; y *poder,* débil o fuerte.

Las combinaciones de estos valores dan como resultado las ocho situaciones potenciales mencionadas.

Teoría de la contingencia de Fiedler

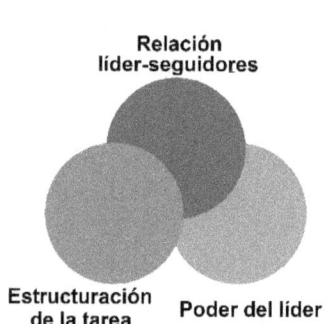

Relación	Tarea	Poder	Situación
Mala	No estructurada	Débil	VIII
Mala	Estructurada	Fuerte	VII
Buena	No estructurada	Débil	VI
Buena	Estructurada	Fuerte	V
Mala	No estructurada	Débil	IV
Mala	Estructurada	Fuerte	III
Buena	No estructurada	Débil	II
Buena	Estructurada	Fuerte	I

Desfavorable ↑ para el ejercicio del liderazgo ↓ Favorable

Relación líder-seguidores

Estructuración de la tarea

Poder del líder

(Fiedler, 1967, 1984)

En un extremo, el extremo más favorable (Situación I), las relaciones del líder con sus miembros son buenas, la tarea está bien estructurada y el poder del líder es fuerte.

En el otro extremo, el extremo más desfavorable (Situación VIII), las relaciones del líder con su equipo son malas; la tarea no está en absoluto estructurada; y el poder del líder es débil (Fiedler, 1967, 1984). La rigidez de la estructura resultante parecería, sin embargo, más favorable a colocar un líder con determinadas características personales en una situación dada, que a facilitar un liderazgo cambiante y contingente.

Dentro de las teorías del liderazgo contingente suelen también incluirse la Teoría de Medios y Metas []Path-Goal] de House (1971) y la Teoría de la Toma de Decisiones de Vroom, Yetton y Jago (Vroom y Yetton, 1973; Vroom y Jago, 1988).

La Teoría de Medios y Metas de House se enfoca en los comportamientos del líder para ayudar a que sus seguidores alcancen sus metas. House identifica cuatro comportamientos potenciales del líder para facilitarlo: directivo, apoyador, orientado a logros y participativo, dependiendo de la naturaleza de la tarea.

La Teoría de la Toma de Decisiones, también llamada Teoría Normativa o Participativa de Vroom, Yetton y Jago, establece los pasos a seguir en la toma de decisiones por parte del líder atendiendo las necesidades de compromiso grupal, rapidez y calidad de la decisión.

La teoría identifica cinco comportamientos potenciales del líder: autoritario (1. unilateral o 2. recabando información del grupo); consultivo (3. con consultas individuales o 4. discusión grupal); y 5. participativo (en el que se busca que le grupo decida por consenso).

Por su parte, Lawrence y Lorsch (1967) incorporan el medio ambiente como su tercera variable y analizan las repercusiones que éste tiene para la estructuración de la tarea. Distinguen tres niveles, dependiendo del grado de incertidumbre que conllevan.

A ellos corresponden tres estilos de liderazgo: administrador, innovador e integrador.

Liderazgo y medio ambiente

Tipo de líder	Contexto
Administrador	*Líder tradicional capaz de conducir actividades estructuradas y programadas, así como procedimientos de operación estándar típicos de las áreas de producción y ventas.*
Innovador	*Líder capaz de enfrentar la ambigüedad y la incertidumbre propias del medio ambiente cambiante; y para trabajar creativamente con especialistas y expertos, científicos, tecnólogos, mercadólogos, etc.*
Integrador	*Líder capaz de integrar las diversas partes y facetas de la organización, con la iniciativa y el poder necesarios para fijar metas; habilidades interpersonales para la resolución de conflictos difíciles; y una visión comprometida e integradora.*

(Lawrence y Lorsch, 1967)

El administrador es el líder en el contexto interno más protegido y de mayor certidumbre por sus tareas altamente rutinarias y programadas.

El innovador es el líder capaz de lidiar con la ambigüedad y con la incertidumbre, incluyendo las interfases entre la organización y su medio ambiente externo.

El integrador es el líder no sólo capaz de operar en ambos contextos, sino de integrarlos, resolver sus conflictos, y ofrecerles una visión global y compartida.

A su vez, la Teoría del Liderazgo Situacional de Hersey y Blanchard (1969), incorpora como su tercera variable, la madurez de los seguidores.

Conjuntamente a los cuadrantes de estilos o comportamientos potenciales del líder, demarcados por la orientación a la gente y la atención a la tarea, previamente discutidos, añaden un continuo que grafique los grados de madurez de los seguidores.

Este continuo reconoce cuatro grados incrementales de madurez: baja (M1), moderada baja (M2), moderada alta (M3), y alta (M4).

Por su parte los cuadrantes que grafican los estilos o comportamientos potenciales según el grado de apoyo (gente) y el grado de control directivo (tarea) permiten, paralelamente, reconocer cuatro conductas de liderazgo diferentes: dirección (E1) con un alto grado de control y un bajo grado de apoyo; persuasión (E2) con grados igualmente altos de control y de apoyo; participación (E3) con un grado bajo de control pero un alto grado de apoyo; y delegación (E4) con grados igualmente bajos de control y de apoyo, indicando que se deja actuar directamente a los seguidores por sí mismos.

El continuo de grados de madurez de los seguidores y los cuadrantes de estilos potenciales del líder se corresponden.

Un grupo con un bajo grado de madurez (M1) requiere un alto grado de dirección (E1).

Los grupos con una madurez media (M2 y M3) requieren menor control pero mayor apoyo y dependiendo de su nivel, el estilo de liderazgo apropiado podrá ser de persuasión (E2) o incluso de participación (E3).

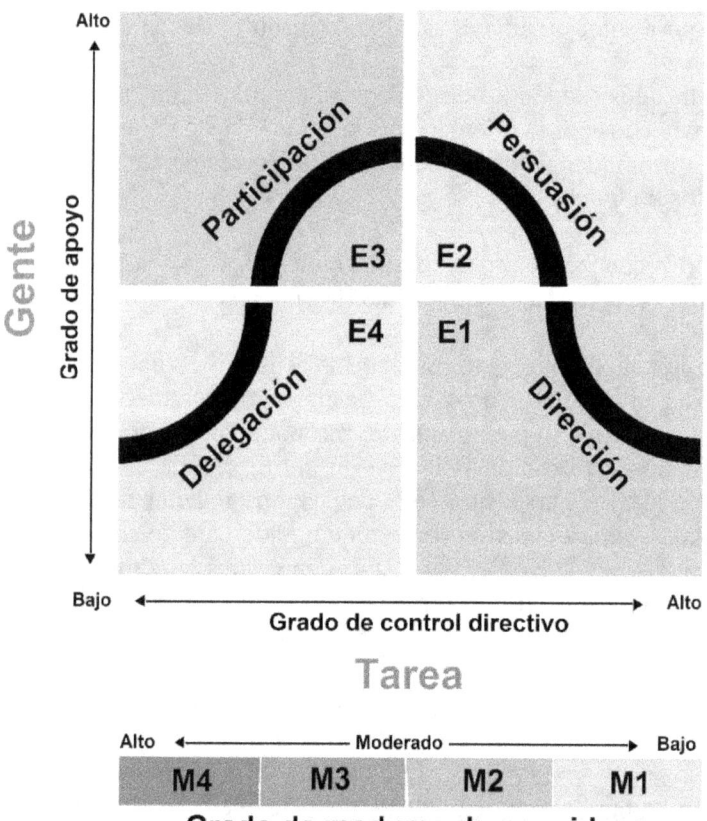

(Hersey y Blanchard, 1969)

Un grupo plenamente maduro (M4) no requiere ni de control ni de apoyo, por lo que un estilo de delegación (E4) que lo deje operar libremente podría ser el más apropiado.

Por último, dentro de las teorías del liderazgo contextual aquí incluidas, la variable que William J. Reddin suma a las variables previas de atención a la gente y atención a la tarea, es la de *efectividad* (Reddin, 1970).

La *Teoría 3D* de Reddin, maneja así, la *orientación a las relaciones*; la *orientación a la tarea*; y la *efectividad* como los tres ejes en que se sitúan los comportamientos de liderazgo; y define la efectividad como la correspondencia óptima entre el estilo de liderazgo y la situación en la que ese estilo se utiliza. En otras palabras, la efectividad es el resultado de utilizar el estilo apropiado para una situación determinada.

Reddin concibe, entonces, tres juegos o paquetes de estilos de liderazgo: los estilos *básicos*; los estilos *efectivos* o apropiados; y los estilos *inefectivos* o inapropiados para una situación específica.

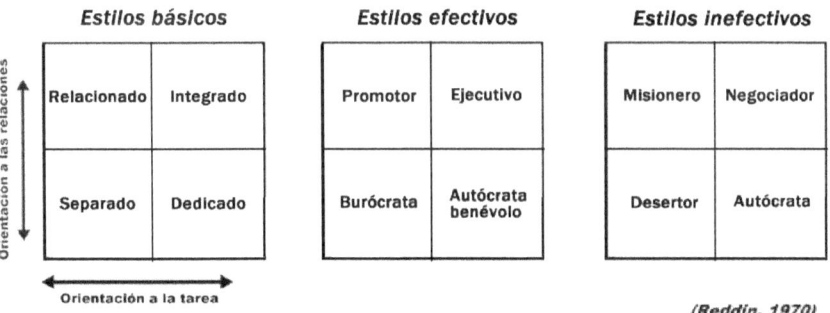

(Reddin, 1970)

Cada uno de estos juegos o paquetes está integrado por cuatro estilos donde cada estilo básico tiene su correspondiente estilo efectivo e inefectivo.

Teoría 3D de Reddin

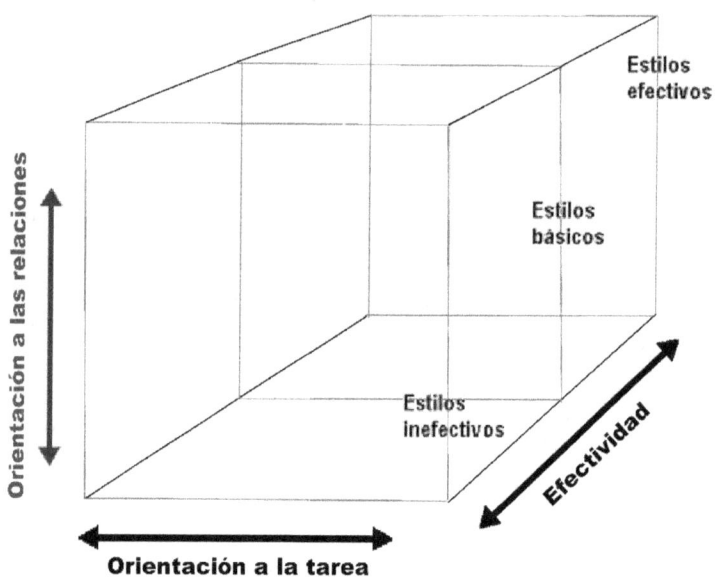

(Reddin, 1970)

El estilo *relacionado* tiene una fuerte orientación a las relaciones, pero débil respecto a la tarea; cuando es el apropiado a la situación se convierte en *promotor*; cuando es inapropiado, en *misionero*.

El estilo *integrado* tiene tanto una fuerte orientación a las relaciones como a la tarea; y se convierte, a su vez, en *ejecutivo* o en *negociador*.

El estilo *dedicado* tiene una fuerte orientación a la tarea, pero débil respecto a las relaciones; dependiendo de si es apropiado o no, puede ser *autócrata benévolo* o simplemente *autócrata*.

Finalmente, el estilo *separado* tiene una orientación débil tanto respecto a las relaciones como a la tarea; si es apropiado, será *burócrata*; si no, *desertor*.

Como se ha mencionado, la variable añadida por Reddin a las dos variables previamente utilizadas de atención a la gente y de atención a la tarea, es la de *efectividad*.

Cómo ésta se define por lo apropiado de la utilización de esas dos variables previas para una situación dada, es discutible hablar de una variable independiente. Sin embargo, si se le ve como una evaluación del logro de objetivos y metas, como resultado del manejo apropiado de las otras dos variables, sí se trataría de una variable independiente. Se vea como se vea, dependiente o independiente, no deja de ser una tercera variable utilizada para contextualizar el liderazgo.

Por último, a punto de concluir el siglo XX, la Teoría del Liderazgo de Alto Desempeño o Triada del Liderazgo de Zand (1997) reconoce la necesidad de un nuevo tipo de liderazgo dadas las nuevas condiciones del contexto en el que operan las organizaciones actuales.

Por una parte, con los avances tecnológicos, los seguidores, al ser especialistas en sus respectivas áreas, tienen un mayor conocimiento de esas áreas que su líder.

Los líderes, dependiendo de su nivel organizacional, deben ser capaces de ofrecer una visión estratégica, en los niveles más altos; una visión táctica, en los niveles intermedios; y una visión operativa para la operación cotidiana en los niveles más bajos.

En todos los niveles, sin embargo, es indispensable crear un clima de confianza entre líder y seguidores. Sólo así se podrá tener acceso a la información y a los conocimientos compartimentados que cada uno posee.

Por otra parte, el manejo del poder en las organizaciones también ha cambiado radicalmente: el dar órdenes no conduce ni al conocimiento o la información y, todavía menos, a la confianza mutua.

Liderazgo de alto desempeño
La triada del liderazgo

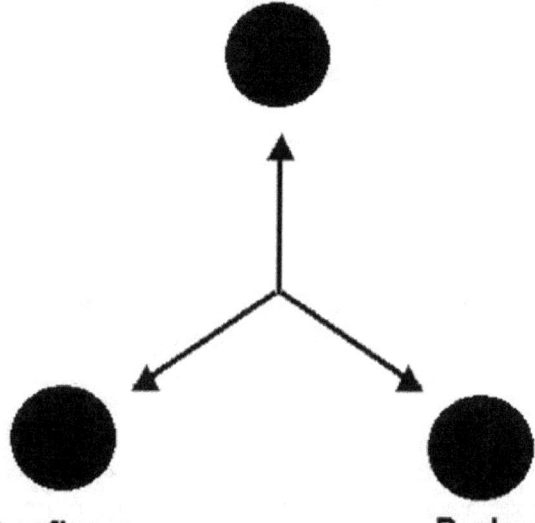

(Zand, 1997)

Por ello, el Liderazgo de alto desempeño o la triada de liderazgo que Zand propone se apoya en la conjugación de tres vertientes: conocimientos, confianza y manejo del poder.

Como el líder no puede saberlo todo, lo que tiene que hacer es asegurar el acceso de todos a conocimientos e información, y esto no sólo a fuentes, sino a personas.

La confianza permite no sólo un mayor acceso a la información individual que cada uno posee, sino un mayor grado de colaboración y un compromiso solidario más fuerte, tanto con el líder como con los demás seguidores.

Finalmente, el manejo diferente del poder puede conducir a que, limitándolo, el líder se comporte más como un cliente o como un consultor que como un jefe tradicional de sus seguidores.

1.5. El liderazgo transaccional

Durante el último cuarto del siglo XX se desarrollaron diversas teorías en torno a un liderazgo negociado. Un liderazgo que implicaba un intercambio o una transacción entre el líder y sus seguidores.

Dentro de ese continuo de diferentes canjes o permutas se encuentran la Teoría del Liderazgo Transaccional y la Teoría del Liderazgo Transformador (Burns, 1978; Bass, 1985).

Continuo de intercambios o transacciones

◄───►

Liderazgo   **Liderazgo**
Transaccional   **Transformador**

Aunque algunos de los teóricos del liderazgo transformador no están plenamente de acuerdo de que se trate del mismo continuo, aún ellos concuerdan en que los mejores líderes conjugan ambos tipos de liderazgo, transaccional y transformador (Bass, 1985).

En el liderazgo transaccional este intercambio tiende a darse a nivel de los satisfactores más básicos del ser humano (necesidades deficitarias) (Maslow, 1943, 1954) a través de incentivos extrínsecos tangibles.

En el liderazgo transformador, por su parte, el intercambio se da a nivel de los satisfactores más altos (necesidades de desarrollo) (Maslow, 1943, 1970a y 1970b). Es un intercambio de visión y de modelos a seguir por parte del líder y de una mayor motivación y de un compromiso más fuerte por parte de sus seguidores. (Burns, 1978; Bass, 1985).

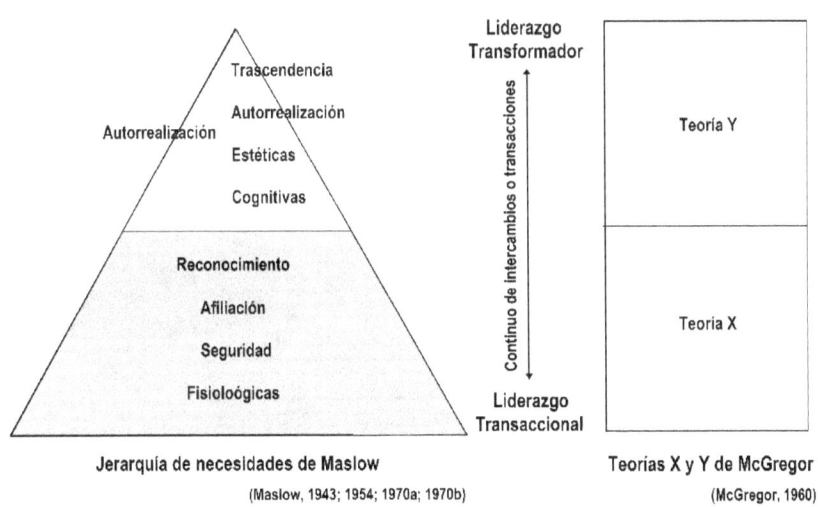

Jerarquía de necesidades de Maslow
(Maslow, 1943; 1954; 1970a; 1970b)

Teorías X y Y de McGregor
(McGregor, 1960)

Este continuo transaccional puede situarse tanto en relación con la jerarquía de necesidades de Maslow como usando las teorías X y Y de McGregor como referente.

Ello permite subrayar la cercanía del Liderazgo Transaccional con los supuestos de la Teoría X y con las necesidades deficitarias más básicas; y del Liderazgo Transformador con los supuestos de la Teoría Y y las necesidades de autorrealización más elevadas; lo que permite visualizar aún mejor el tipo de intercambio o permuta que se da entre líder y seguidores en cada una de las dos teorías.

La teoría del liderazgo transaccional –también llamado gerencial– se enfoca en el logro de metas, el cumplimiento de procesos; y en la eficiencia organizacional, a través de un estilo de liderazgo altamente directivo y de recompensas o castigos de acuerdo con el logro de las metas fijadas.

Liderazgo transaccional

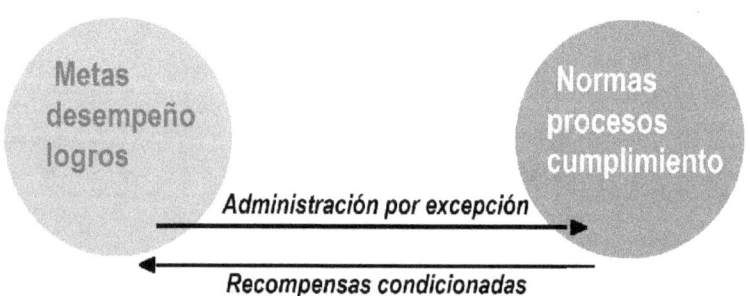

(Burns, 1978; Bass, 1985)

Se considera al estilo legal-racional de Weber (1922) como la base a partir de la cual se desarrolla esta teoría,

En esta teoría el ejercicio del liderazgo se apoya en dos factores fundamentales: recompensas condicionadas y administración por excepción –que puede ser activa o pasiva, dependiendo de la manera en la que el líder supervisa a sus seguidores.

Esta administración por excepción, es una acción correctiva que se activa cuando los seguidores no alcanzan los estándares mínimos de desempeño. Si esta supervisión evalúa continuamente su desempeño e interviene inmediatamente en caso negativo, es activa; si el líder, en cambio, limita sus intervenciones a los casos en los que hay una flagrante violación al cumplimento o un evidente rezago en el logro de metas, es pasiva.

Las recompensas condicionadas, que pueden incluir o no reforzadores negativos como regaños, separación o castigos, ofrecen incentivos al desempeño y al logro de metas.

Tanto los motivadores como el tipo de administración utilizados parecerían hacer patente que la Teoría del Liderazgo Transaccional se suscribe a la Teoría X de McGregor (1960) en su concepción de los seguidores.

El liderazgo transaccional clarifica roles, tareas y expectativas; opera dentro de las normas y la cultura organizacional imperantes y, al hacerlo, las fortalece, manteniendo el *status quo*.

El liderazgo transformador, en cambio, puede visualizarse como el proceso a través del cual líderes y seguidores se ayudan mutuamente en su desarrollo hacia niveles más altos de motivación y autoestima, de iniciativa y de responsabilidad, generando una transformación significativa en la visión y en la vida de las personas y de sus organizaciones (Burns, 1978).

Sus raíces están tanto en el carisma individual como atributo personal del líder, contemplado en las Teorías del Liderazgo Personal y en el Liderazgo Carismático de Weber; como en la atención a la relación con los seguidores y en toda la variedad de estilos participativos de las Teorías del Liderazgo Conductual y Contextual.

El liderazgo transformador inspira, motiva y transforma a sus seguidores; fortalece su iniciativa y su creatividad; y al hacerlo, renueva la cultura de la organización.

Liderazgo transformador

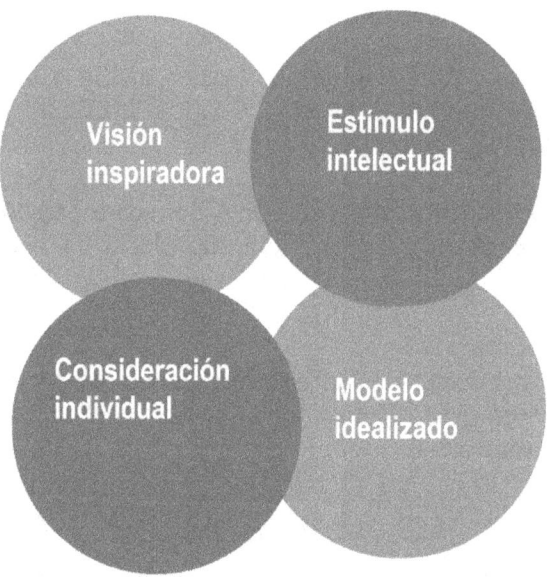

(Burns, 1978; Bass, 1985)

El líder transformador "eleva el nivel de conciencia de sus seguidores sobre la importancia y el valor de los resultados deseados y de los métodos para lograrlos" (Burns, 1978:141).

Este tipo de liderazgo tiene cuatro componentes fundamentales: una consideración individual; un estímulo intelectual; un modelo idealizado; y una visión inspiradora.

La consideración individual comprende la relación personal del líder con cada uno de sus seguidores –apoyando a cada uno en la manera en que lo necesite.

El estímulo intelectual entraña una mayor apertura y una mayor confianza entre el líder y sus seguidores, lo que permite el cuestionamiento de premisas y de prácticas y un replanteamiento de problemas y soluciones.

El modelo idealizado supone la idealización de las cualidades del líder por parte de sus seguidores y –por ello– el tomarlo como modelo a seguir en sus propios comportamientos.

La visión inspiradora implica que, a través de sus conductas, el líder confiere una nueva perspectiva, valiosa, significantes y compartida, para todo lo que se hace y se busca, que estimula, entusiasma y motiva a sus seguidores (Bass, 1985).

1.6. El liderazgo relacional

Como se ha visto, desde los años 30 del siglo XX –cuando la relación del líder con sus seguidores y la importancia que las percepciones personales de éstos tienen para la esfera laboral, se incorporan en los estudios del liderazgo– la relación líder-seguidores siempre ha estado presente en todas las teorías de liderazgo subsecuentes.

A finales del siglo, especialmente después la aparición de las inteligencias múltiples [1983] (véase el capítulo 2), tanto la relación personal líder-seguidores como el lado emotivo de ambos recibieron una renovada atención.

Entre las nuevas teorías del liderazgo que privilegian y en realidad se centran en esa relación se encuentra la Teoría del Liderazgo de Goleman [1998].

En esta teoría, el liderazgo se apoya en tres ejes desiguales: Inteligencia emocional, Habilidades cognitivas y Habilidades técnicas –porque en esta teoría, el eje fundamental, la "habilidad *sine qua non* del liderazgo" es la Inteligencia emocional (Goleman, 1998a y 1999).

El liderazgo de Goleman

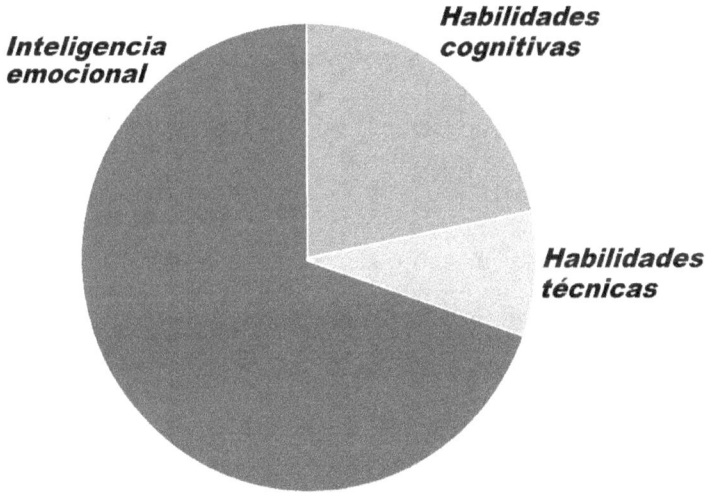

(Goleman, 1998a)

No es que "las habilidades cognitivas y técnicas sean irrelevantes; por supuesto que sí cuentan, pero son 'habilidades umbrales', es decir, son requisitos de entrada para toda posición ejecutiva [....] pero la inteligencia emocional es el doble de importante a todos los niveles" (Goleman, 1998a:94).

Las habilidades cognitivas comprenden el razonamiento analítico, la visión estratégica, totalizadora y a largo plazo. "El intelecto es un impulsor del desempeño extraordinario."

Las habilidades técnicas se refieren a los conocimientos propios del área, sea contabilidad, planeación, producción, etc.

La inteligencia emocional se refiere a la capacidad de relación con los demás y entre más altos los niveles organizacionales, más importante se vuelve.

Las cinco componentes de la inteligencia emocional son el conocimiento de sí mismo; el autocontrol; la motivación; la empatía; y las habilidades sociales (Goleman, 1998a). Estas componentes se derivan de las inteligencias múltiples de Gardner (1983). Las primeras tres de la que Gardner denomina inteligencia intrapersonal; y las últimas dos, de su inteligencia interpersonal.

El conocimiento de sí mismo es la habilidad personal para identificar, entender y manejar, los propios sentimientos, emociones, impulsos y estados de ánimo, así como los efectos potenciales que pueden tener sobre las demás personas; el auto control es la habilidad para regularlos y gobernarlos; la motivación es la habilidad para impulsarse a la autorrealización, a la trascendencia y al logro de los satisfactores más elevados en la escala de Maslow (1954, 1970a y 1970b).

La empatía es la habilidad para comprender y solidarizarse con lo que otras personas están viviendo y sintiendo; y las habilidades sociales reflejan la capacidad para relacionarse e interactuar plenamente con ellas. (Goleman, 1998a y 1998b).

2. Nuevos paradigmas

A principios de los años 80 del siglo XX aparecen dos teorías que impugnan las premisas hasta entonces prevalentes en el estudio de las organizaciones, *Dimensiones organizacionales* (Ortega, 1982) y de los seres humanos, *Inteligencias múltiples* (Gardner, 1983).

Significativamente, las aportaciones de ambas teorías se centran en ofrecer una nueva visión, integral y totalizadora, en sus respectivos campos, utilizando –pero de manera novel y diferente– muchos de los mismos conceptos que previamente habían venido manejándose.

En ambos casos, esa nueva visión integral y totalizadora se genera al rebautizar e integrar conceptos existentes que se consideraban y se empleaban como independientes e inconexos para, con ellos, generar paradigmas radicalmente diferentes.

En el primer caso, los enfoques teóricos independientes, pero supuestamente equivalentes utilizados para el análisis organizacional, se consolidan en cinco; se definen como *dimensiones*; y se contemplan como "componentes integrales, interactuantes, indispensables y permanentemente presentes" en todo comportamiento y en toda cultura organizacional. (Ortega, 1982; 2015a).

En el segundo caso, diversas aptitudes, capacidades o destrezas de los seres humanos, se consolidan como siete; se definen como *inteligencias*; y se contemplan como "habilidades para la solución de problemas o la creación de objetos considerados como valiosos en uno o más contextos culturales" (Gardner, 1983:x).

Nuevamente, en ambos casos, se trata de un cambio de paradigma porque –se comparta o no– se modifica radicalmente "el conjunto de premisas que integran el patrón aprobado y compartido; la postura universalmente aceptada –por estudiosos y especialistas en un campo determinado del saber– para entender y estudiar" (Kuhn, 1970) las organizaciones –en el caso de *dimensiones*– o las capacidades y destrezas humanas –en el caso de *inteligencias*.

"Los conceptos de un paradigma no pueden ser fácilmente interpretados en términos de un paradigma diferente. Para entender un paradigma nuevo se le tiene que explorar desde dentro, en términos de sus propia problemática distintiva" (Burrell y Morgan, 1979:xii).

2.1. Dimensiones organizacionales

Dimensiones organizacionales sostiene que todo comportamiento en y de las organizaciones es el resultante de la interacción de cinco componentes o dimensiones interactuantes y siempre presentes (Ortega, 1982, 2015a).

Estas cinco dimensiones son: la dimensión *racional*, la dimensión *personal*, la dimensión *estructural*, la dimensión *política* y la dimensión *simbólica*.

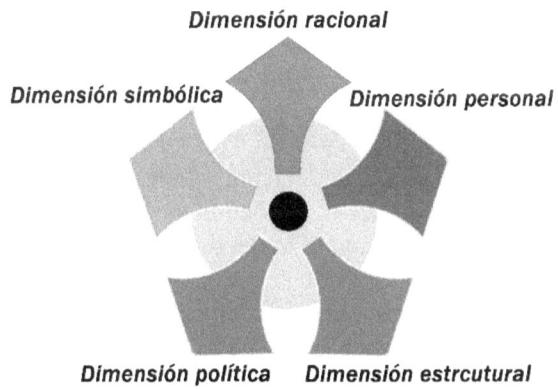

Esta teoría del comportamiento y la cultura organizacionales ofrece, así, una nueva manera de ver, entender, analizar y generar mapas del comportamiento humano y organizacional dentro y fuera de las organizaciones (Ortega, 2017).

La teoría sostiene, asimismo, que todo comportamiento humano y organizacional tiene una combinación específica (perfil dimensional) de estas cinco componentes o dimensiones, incluso si la persona o la organización que así se comporta nunca intentó utilizarlas y no tenga la menor idea de que existen.

La *dimensión racional* está centrada en los objetivos a alcanzar y en los medios más efectivos y eficientes para hacerlo. Abstrae la realidad en un proceso lógico cuasi-matemático y la convierte en una serie de variables; atiende sólo las variables que considera relevantes para el logro de esos objetivos; y considera a todos los involucrados –personas y organizaciones– meramente como agentes transitorios para ese fin.

Exige capacidad de abstracción, de análisis y de síntesis. Se apoya en procesos lógico-matemáticos. Es la única dimensión en la que el orden de los factores no altera el producto.

La *dimensión personal* está centrada en el ser humano, su constitución, sus necesidades, sus satisfactores, sus relaciones y toda la complejidad emotiva, física, psicológica, etc., de todo lo que es, que relevante o no, se involucra en todas sus participaciones, sociales, laborales, organizacionales, familiares, etc. Más que un agente para el logro de metas, la organización se considera como un fin en sí misma.

Exige capacidad de empatía y de relación.; de manejo de sentimientos e introspección. Se apoya en el conocimiento de sí mismo y en la comprensión de los procesos emotivo-afectivos propios y ajenos.

La *dimensión estructural* está centrada en roles, estructuras y procesos. Atiende las funciones que cada quien tiene que realizar, dentro de una estructura estable, para la ejecución de procedimientos operativos que deben dominarse plenamente para asegurarse de su confiabilidad, su eficiencia y su certeza. Las personas se confunden con el rol o papel que detentan sea en la organización, en la familia, o en los grupos sociales.

Exige capacidad para apegarse a normas y procesos; disciplina; responsabilidad para el cumplimiento y el dominio y la maestría de lo que se hace; y la separación internalizada de una variedad de roles, así como el manejo impersonal y general de acciones y personas.

La *dimensión política* o del poder está centrada en el poder y su manejo; por lo que contempla absolutamente todo de lo que dispone o tiene a su alcance (recursos, imagen, relaciones, información, conocimientos, roles o puestos, etc.) meramente como medios o herramientas para el mantenimiento y el incremento de ese poder –por lo que también se sirve de la incertidumbre, la negociación, las alianzas, así como de las debilidades ajenas.

Exige capacidad para operar en condiciones de ambigüedad e incertidumbre; y para negociar con flexibilidad y distanciamiento emotivo tanto de personas como de las propias metas y valores.

La *dimensión simbólica* está centrada en significados y en los símbolos, los rituales, las ceremonias, las formas, las investiduras, etc., que generan esos significados. Opera no con lo que las cosas o las personas son, sino con lo que significan y representan. Las personas son héroes o villanos; las acciones se valoran no por sus logros concretos sino por los significados que generan, tanto en quien las realiza como quien las contempla.

Exige capacidad de visión sintética (es decir, no las partes, sino el todo y un enfoque en lo concreto); de atención a formas, imagen y símbolos; y una tendencia a la traducción automática e inconsciente de la realidad y sus aconteceres en significados. (Ortega, 1982; 2015a; 2017).

Cada una de las dimensiones representa tendencias legítimas e igualmente válidas del ser humano por lo que ninguna *por sí y en sí misma* puede o debe asociarse con aspectos exclusivamente positivos ni exclusivamente negativos.

Las cinco dimensiones siempre están presentes e interactuando entre sí en todo comportamiento, aún cuando su integración específica pueda variar de un comportamiento, de un problema o de una situación a otra.

No importa cuán débil o cuán fuerte pueda ser la presencia de cada una en un comportamiento determinado, las cinco siempre están presentes y siempre se están afectando mutuamente.

Cada una de esas cinco dimensiones está constituida por un sistema de valores, premisas, supuestos y comportamientos característicos, particulares y distintivos, internamente congruentes y consistentes aunque potencialmente divergentes de los de las demás dimensiones restantes.

Una persona o una organización rara vez o nunca está consciente de la existencia de tal sistema y menos aún de que esos valores, premisas y supuestos gobiernan su propio comportamiento.

Sea porque la persona o la organización aprendió directamente por imitación inconsciente esos comportamientos como la manera correcta de comportarse; sea porque en su momento tuvo consciencia de los valores, las premisas y los supuesto que los gobernaban y luego los internalizó de tal manera que ha dejado de ser consciente de la relación; los valores, las premisas y los supuestos ya no son ni evidentes, ni cuestionables o cuestionados por la persona o la organización que exhibe esos comportamientos.

Por la interacción interna entre las dimensiones y la manera en las que éstas se afectan mutuamente, ni todo comportamiento necesariamente logra sus intenciones originales ni es interpretado de la misma manera por quienes reciben o contemplan dicho comportamiento.

Toda persona, toda organización y toda cultura (personal, grupal, organizacional o nacional) tienen un *perfil dimensional* propio (o combinación específica de esas cinco dimensiones) que tiende a convertirse en la manera instintiva o automática tanto para actuar y reaccionar como para interpretar situaciones o comportamientos ajenos.

Gráficamente, estas dimensiones pueden presentarse en forma de ejes o de círculos, reflejando, en cada caso, la proporción en la que cada dimensión está presente.

Deshabitadas, es decir, sin reflejar todavía ningún perfil, las cinco dimensiones tendrían teóricamente la misma participación:

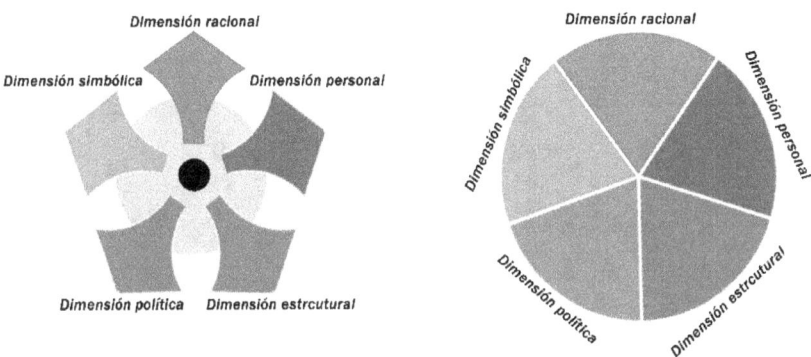

Sin embargo, tan pronto como reflejan el perfil dimensional de una persona, una organización, una cultura, una situación o un problema sus proporciones relativas cambian radicalmente.

Tan característico como una huella digital y casi tan permanente, el *perfil dimensional* particular exhibe la integración muy personal de esas cinco dimensiones siempre presentes.

Y como se ha dicho, no importa cuán grandes o cuán pequeñas sean las proporciones de las dimensiones individuales, no sólo siempre están presentes las cinco, sino que permanentemente están interactuando y afectándose las unas a las otras.

A continuación, se muestran, por ejemplo, dos perfiles hipotéticos. El perfil dimensional 1 exhibe una participación del 10% para la dimensión racional; del 25% para la personal; del 5% para la estructural; del 45% para la política; y del 15% para la simbólica.

El perfil dimensional 2, en cambio, exhibe una participación del 25% para la dimensión racional; del 20% para la personal; del 35% para la estructural; del 10% para la política; y del 10% para la simbólica.

Estos perfiles presentados gráficamente como ejes tendrán la siguiente configuración:

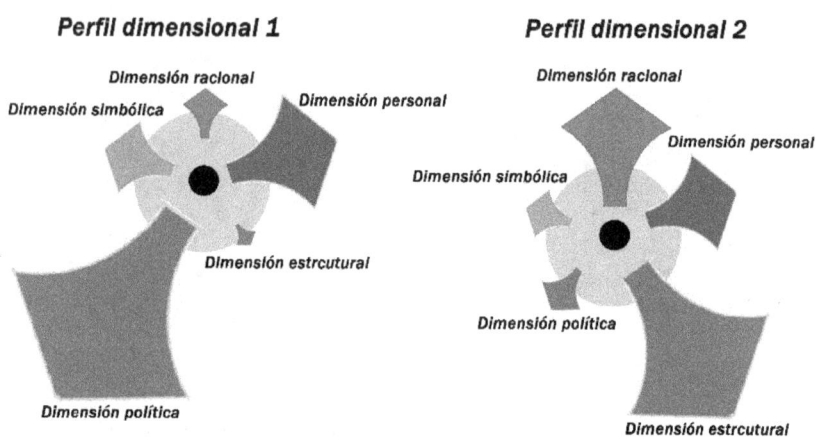

Y presentados como círculos:

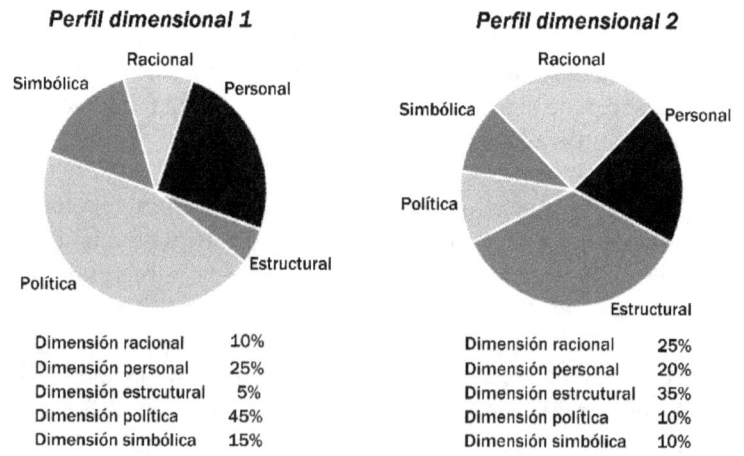

En el primer tipo de gráfico, los ejes, el acento se pone en las diversas, y en muchos casos opuestas, direcciones hacia las que los valores, premisas y supuestos de cada una de las dimensiones orienta o encausa dicho comportamiento.

En el segundo tipo, los círculos, en cambio, el acento recae en la composición del comportamiento mismo.

Cada persona, problema, situación, organización, y cultura posee un perfil característico propio.

Cada perfil exhibe maneras particulares específicas de comportarse y de entender tanto la realidad y sus problemas, como las maneras de enfrentarlos.

Estas respuestas inconscientes y automáticas de las que la persona puede tener o no alguna idea de que así suceden, no son siempre las más efectivas para enfrentar todas las situaciones ni todos los problemas.

La efectividad dependerá de cuán apropiado es el comportamiento tanto para la situación, problema, o persona con la que trata, como para la cultura familiar, grupal, organizacional o nacional en la que sucede.

El que se tenga un determinado perfil dimensional no implica necesariamente que se tengan tampoco los recursos intelectuales y personales para optimizar sus potencialidades.

Toda persona puede desarrollar sus habilidades para leer, interpretar y responder apropiadamente a situaciones, problemas o personas e incrementar, así, la efectividad de sus acciones (Ortega, 2017:43).

2.2. Inteligencias múltiples

Para Howard Gardner, inteligencia es "la habilidad de resolver problemas o generar productos considerados como valiosos en una o más comunidades o contextos culturales" (Gardner, 1993:7).

Para Gardner, es falso que la inteligencia sea una y general; o que pueda medirse con instrumentos verbales estandarizados. El ser humano tiene múltiples y diversos talentos de naturalezas diferentes, pero exactamente del mismo rango o nivel que el talento conocido por mucho tiempo como la inteligencia.

Por ello, en 1983 deliberadamente rebautizó cinco de esos talentos como inteligencias "porque estas capacidades son tan fundamentales como aquéllas históricamente medidas por las pruebas de inteligencia" (Gardner, 1983; 1993:xii) y las sumó a las dos previamente aceptadas globalmente como inteligencias.

Así, a la inteligencia lingüística y a la inteligencia lógico-matemática, añadió la inteligencia musical, la inteligencia espacial, la inteligencia corpo-cinestésica, la inteligencia intra-personal y la inteligencia interpersonal.

Años después, habría de contemplar la posibilidad de añadir inteligencias adicionales, como la naturalista o la existencial (Gardner, 1993).

Los criterios utilizados para clasificarlas como inteligencias fueron, entre otros, autonomía, operación distintiva, desarrollo particular, evolución y sistema simbólico.

La autonomía se refiere a que cada inteligencia resida en un lugar particular en alguno de los hemisferios cerebrales y muestre su independencia de las demás inteligencias, por ejemplo, al hacerse presente con la existencia de *idiot-savants* o de niños prodigio; o al ser analizadas con posterioridad a daños cerebrales.

La operación requiere que cada inteligencia tenga sus propios focos de atención y uno o más mecanismos básicos distintivos para el procesamiento de información en tipos específicos de insumos y para sus operaciones centrales.

El desarrollo se refiere a un proceso identificable de transformación de la inteligencia tanto para individuos normales como para prodigios.

La evolución atiende a cada inteligencia en el contexto de los procesos evolutivos del ser humano como especie, en el sentido de que "una inteligencia específica es más plausible en la medida en que puedan localizarse sus antecedentes evolutivos incluyendo las capacidades que son compartidas con otros organismos vivos" (Gardner, 1983:65).

Finalmente, la inteligencia debe contar con un sistema simbólico propio, "sistemas de significado culturalmente diseñados que capturan formas importantes de información" (Gardner, 1983:66), como el lenguaje, las imágenes o las matemáticas.

Con estos parámetros, Gardner identifica las siete inteligencias.

Todos los seres humanos poseen (en diversos grados) todas las inteligencias, por lo que cada ser humano tiene su propio perfil particular.

Cada una de las inteligencias tiene su propio ciclo vital: Mientras que la lógico-matemática y la corpo-cinestésica se debilitan con la edad, las demás parecen no ser afectadas o, por el contrario, robustecerse con ésta.

Asimismo, cada inteligencia posee su propia capacidad computacional o mecanismos particulares y distintivos para procesar información; sus propios recursos y esquemas de atención, percepción y memoria; así como sus propios símbolos, sistemas y productos simbólicos, como las novelas, sonetos o ensayos para la inteligencia lingüística; las ecuaciones o las series para la lógico-matemática; las coreografías para la corpo-cinestésica, etc.

Dependiendo del enfoque (artístico o utilitario) y de la perspectiva (productiva o perceptiva), cada inteligencia tiene participantes reconocibles. Por ejemplo, para la inteligencia corpo-cinestésica, desde la perspectiva productiva (i.e., quien genera productos) está por el lado artístico el bailarín o la bailarina, por el lado utilitario, el o la deportista; desde la perspectiva perceptiva (i.e, quien percibe, disfruta o es espectador de esos productos) están por el lado artístico los balletómanos y por el lado utilitario, los aficionados.

Aplicando el mismo esquema para inteligencia lingüística, se tendría al o la poeta, el o la ensayista, al lector o lectora, y al estudioso o estudiosa de la literatura.

La inteligencia lingüística es la capacidad para el manejo del lenguaje y la palabra; para los diversos significados de los vocablos; y para la generación de las estructuras en que se insertan. Se destacan poetas, escritores y lingüistas.

La inteligencia lógico-matemática es la capacidad para confrontar y evaluar objetos y abstracciones; para el discernimiento de relaciones y principios subyacentes; y para la manipulación avanzada de símbolos. Se destacan matemáticos, científicos y filósofos.

La inteligencia musical es la capacidad para la percepción y el manejo del tono, del ritmo y del timbre en los sonidos, no sólo para componer e interpretar sino para escuchar o discernir. Es la inteligencia que más tempranamente se hace notable. Se destacan compositores, directores, e intérpretes y críticos musicales.

La inteligencia espacial es la capacidad para percibir el mundo visual y espacial con precisión; para transformar y modificar espacios y percepciones; y para recrear experiencias visuales aún sin estímulos físicos. Se destacan arquitectos, escultores, pintores, navegantes, jugadores de ajedrez, geógrafos y cartógrafos.

La inteligencia corpo-cinestésica es la capacidad para manejar el propio cuerpo de maneras altamente diferenciadas y habilidosas, tanto con propósitos puramente expresivos como totalmente utilitarios. Se destacan bailarines, atletas, actores y deportistas.

La inteligencia intra-personal es la capacidad para determinar con precisión los propios estados de ánimo, las emociones y los sentimientos, así como para entender las propias reacciones y necesidad internas. Se destacan las personas altamente reflexivas y con un alto grado de conocimiento de sí mismas.

La inteligencia interpersonal es la capacidad para determinar con precisión los estados de ánimo, las emociones y los sentimientos ajenos y para entender y utilizar esa información como guía del propio comportamiento. Se destacan, psiquiatras, políticos, líderes religiosos y antropólogos (Gardner, 1983; 1993).

Gardner está "convencido que las siete inteligencias, todas, tienen el mismo derecho a la primacía. En nuestra sociedad, sin embargo, hemos puesto las inteligencias lingüística y lógico-matemática, figurativamente hablando, en un pedestal." (Gardner, 1993:8).

3. El siglo XX desde la perspectiva dimensional

Al retomar las teorías de liderazgo del siglo XX discutidas previamente y analizarlas ahora desde la perspectiva de las *Dimensiones organizacionales,* el hilo conductor del desarrollo de estas teorías deja de ser si son personales, conductuales, contextuales, transaccionales o relacionales, para enfocarse ahora en el número de dimensiones participantes en cada una de esas teorías.

Desde esta perspectiva, las teorías de liderazgo hasta ahora desarrolladas pueden clasificarse en unidimensionales, bidimensionales, o tridimensionales y en ello radica una –porque no la única– de sus limitaciones principales: no consideran ni incorporan en sus esquemas la realidad organizacional ni en su totalidad ni en su complejidad.

Esto conduce a que muchas de las variables relevantes con una incidencia determinante sobre el liderazgo no se contemplen ni como parte de la problemática a la que se enfrentan tanto el líder como sus seguidores ni, menos aún, como parte esencial de las teorías que buscan entender y optimizar esa relación.

El muy somero análisis al que se someten las teorías en este capítulo, se limita, pues, a situar las variables en que se apoya cada teoría, en uno o varios ejes según la o las dimensiones a las que dichas variables pertenecen.

3.1. Teorías de liderazgo en una dimensión

Desde sus orígenes decimonónicos con la Teoría del Gran Hombre de Carlyle, todas las teorías iniciales del liderazgo manejan exclusivamente variables de una sola dimensión, la dimensión personal, de ahí que las gráficas de todas ellas se presenten con un solo eje, representando dicha dimensión.

Aunque los rasgos citados por cada una puedan variar de la una a la otra, tanto las teorías del liderazgo personal como aquéllas del liderazgo conductual que se enfocan en el estilo personal del líder, no sólo manejan todas sus variables en la dimensión personal, sino que, asimismo, todas estas variables se refieren a una sola y única persona: la persona del líder –explorando y enfocándose en sus cualidades y atributos personales individuales.

Así, para Stogdill (1948) los rasgos personales que pueden caracterizar a un líder –aunque no todos estén presentes o sean igualmente relevantes en todos los casos– son la inteligencia, la responsabilidad, la persistencia, la sociabilidad, aunadas a la confianza en sí mismo, la iniciativa y la atención o el estar alerta.

Sin embargo, en un estudio posterior, realizado 22 años después (Stogdill, 1974), elimina la inteligencia y el estado de alerta; mantiene la responsabilidad, la persistencia, la sociabilidad, la iniciativa y la confianza en sí mismo; y añade; que el líder debe ser una persona con empuje, introspectivo, cooperador, tolerante e influyente –rasgos que, aunque siguen estando enfocados en la figura del líder, por lo menos indirectamente, presuponen ya la existencia –y relevancia para el liderazgo– de personas adicionales al líder.

Teorías del liderazgo como rasgo personal

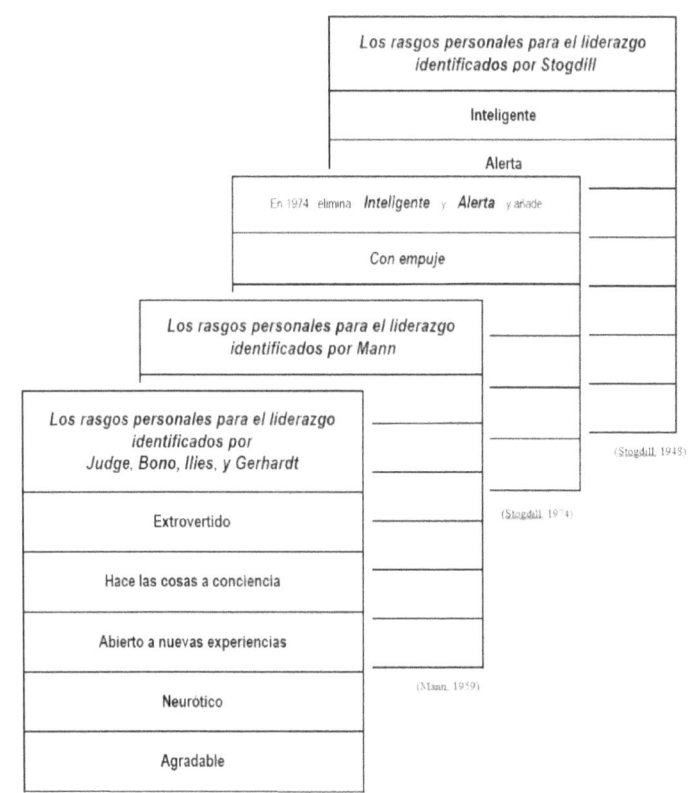

Mann (1959) por su parte, identifica como los rasgos personales claves la inteligencia, la masculinidad, la adaptación, la dominancia, la extroversión, y el ser conservador.

Lo hallado por Mann, sometido posteriormente a estudios estadísticos aún más rigurosos, generan un resurgimiento de los rasgos personales del líder en teorías del liderazgo a finales del siglo XX, como las de Judge, Bono, Ilies, y Gerhardt (2002) o la de Zaccaro (2007).

Los rasgos personales identificados por Judge, Bono, Ilies, y Gerhardt (2002), por ejemplo, incluyen lo extrovertido, el hacer las cosas a conciencia, el estar abierto a nuevas experiencias, el ser agradable y al mismo tiempo neurótico.

De manera semejante, las primeras teorías del liderazgo como conducta o comportamiento del líder, los estilos de liderazgo –centradas todavía totalmente en la persona del líder y en el estilo como un rasgo personal o una tendencia natural de comportarse– aunque por sus denominaciones hacen también una referencia implícita o explícita a la presencia de personas adicionales, siguen estando todas –con la sola excepción de uno de los estilos incluidos por Max Weber– no sólo en la dimensión personal, sino completamente enfocadas en la personalidad del líder.

Así, Lewin, Lippit y White (1939) proponen los estilos autocrático, democrático o laissez-faire en la toma de decisiones del líder.

Tannenbaum y Schmidt (1958), por su parte, desarrollan un continuo de estilos de liderazgo en el que se busca reflejar el grado en el que el líder tiende a utilizar su autoridad o a conceder autonomía a sus subalternos.

Finalmente, Rensis Likert (1961, 1967) distingue cuatro estilos fundamentales: explotador autoritario, benevolente autoritario, consultivo y participativo, que reflejan tanto las premisas y supuestos del líder en torno a sus subalternos, como sus tendencias naturales para la toma de decisiones.

Teorías del liderazgo como estilo

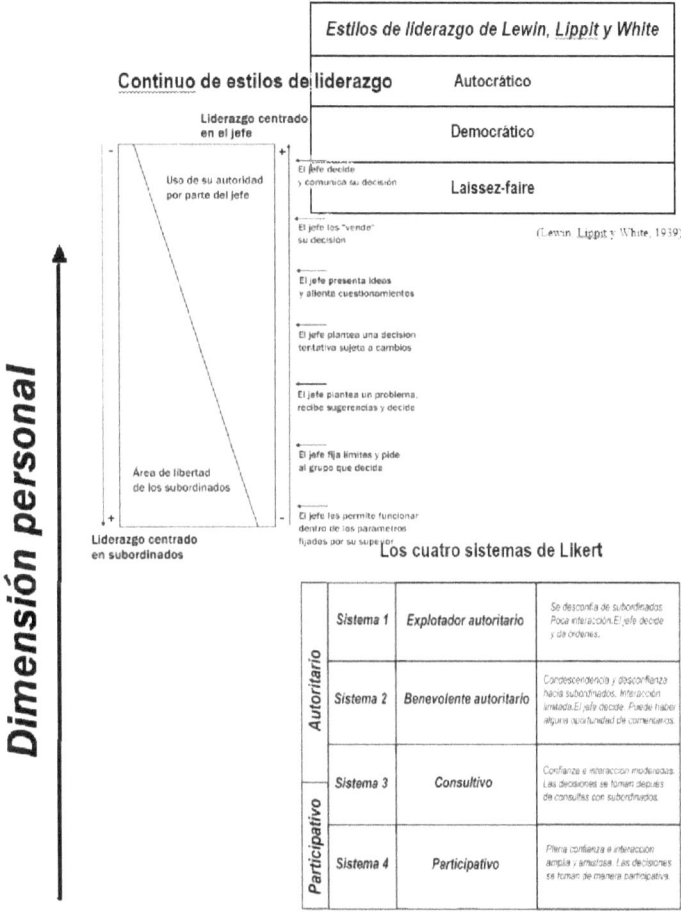

Las denominaciones serían posteriormente sustituidas por términos más neutrales, Sistema 1, Sistema 2, Sistema 3 y Sistema 4, sin que se dieran variantes en sus contenidos, ni respecto a premisas y supuestos sobre los seguidores ni en tendencias naturales para la toma de decisiones.

Debe recalcarse nuevamente que, aunque en todos estos casos, es cada vez más evidente un sesgo de los autores hacia los estilos más participativos y democráticos, el foco de atención sigue siendo todavía las tendencias naturales y la personalidad del líder.

3.2. Teorías de liderazgo en dos dimensiones

Significativa y paradójicamente, una de las primeras teorías presentadas en este libro, la de Max Weber (1922), es la que mayor número de dimensiones maneja, cuatro, aunque nunca se dan con simultaneidad.

Ninguno de los tres estilos de liderazgo de Weber va más allá de dos dimensiones (legal-racional) y dos de ellos son, como todas las teorías iniciales, simplemente en una sola dimensión (tradicional y carismático).

Como totalidad, sin embargo, la teoría completa de los tres estilos se manejaría en cuatro dimensiones: racional, estructural, simbólica y personal, pero de manera separada e independiente.

También, debe hacerse notar, como el propio Weber apuntó, a través de su rutinización cotidiana, el liderazgo carismático tiende a burocratizarse y volverse liderazgo tradicional y éste, a su vez, por el mismo proceso, acabar como liderazgo legal-racional (Weber, 1922). Ello implicaría que, finalmente, todo liderazgo terminaría siendo un liderazgo bidimensional operando en las dimensiones racional y estructural.

Cabe mencionar, asimismo, que en los estudios organizacionales previos al paradigma de *Dimensiones organizacionales* (Ortega, 1982), las dimensiones racional y estructural tendían a confundirse, precisamente porque la racionalidad impuesta por Weber para estudiar organizaciones tradicionales y no naturalmente racionales, como el ejército prusiano y la iglesia Católica, tuvo como efecto colateral que gratuitamente se supusiera que todo lo burocrático (estructural) era necesaria y permanentemente racional.

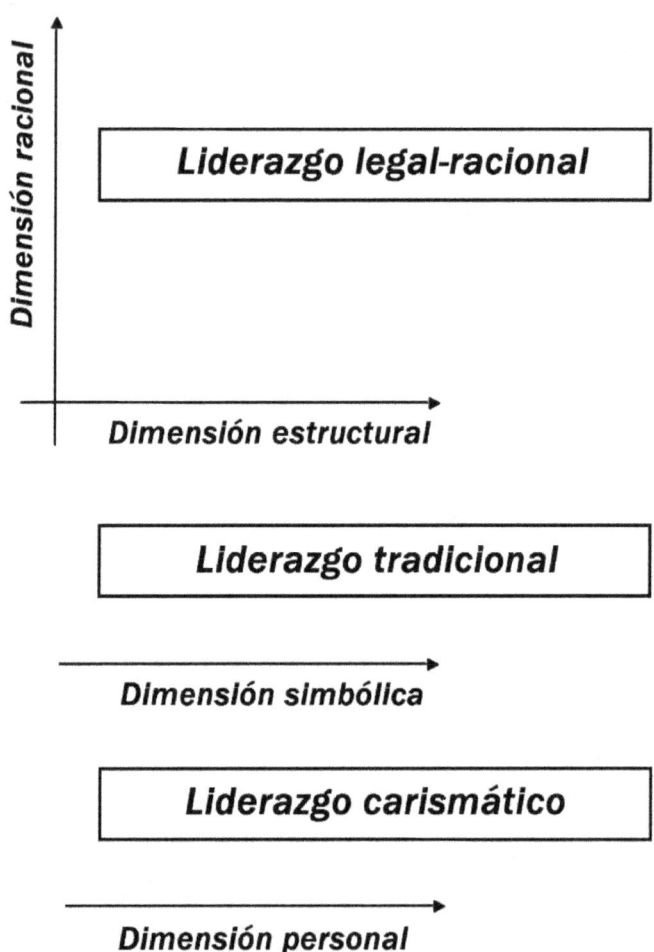

El hecho mismo de que Weber las uniera como si fueran la misma, al bautizar a uno de sus estilos de liderazgo como legal-racional contribuyó a perpetuar esa confusión.

Por definición, la dimensión racional está en flujo constante y por lo tanto cambiante, adaptándose cuasi instantáneamente a las variables que tiene que atender.

La dimensión estructural, en cambio, pretende resolver eso mismo de manera permanente a través de estructuras y procesos fijos y estables. Cuando las variables tampoco cambian, puede ser una dimensión si no más efectiva sí más eficiente que la racional; cuando esas variables cambian continuamente, no sólo deja de ser eficiente sino efectiva porque pierde su capacidad para resolver problemas nuevos y sobre todo, imprevistos.

Debe recalcarse, sin embargo, que todas las estructuras y todos los procesos se generan racionalmente en un momento determinado y en ese momento se fijan. Es, justamente al fijarse y convertirse en procedimientos de operación estándar que se transforman en "un racionalismo petrificado y, paradójica y precisamente, por ello fuera de la dimensión racional" (Ortega, 2015a:24).

A partir de los estudios de Ohio State y de Michigan, las teorías de liderazgo conductuales incorporan finalmente la bidimensionalidad, graficando las `posibilidades del comportamiento del líder en algún lugar del cuadrante generado (con una sola excepción) por las dimensiones personal (atención a seguidores o subalternos) y estructural (tarea), como ya se ha dicho, independientemente de las denominaciones utilizadas por cada teoría.

Así los estudios de Ohio State distinguen entre "consideración" (dimensión personal) e "iniciación de estructura" (dimensión estructural) (Fleishman, 1953).

Los estudios de liderazgo de Ohio State

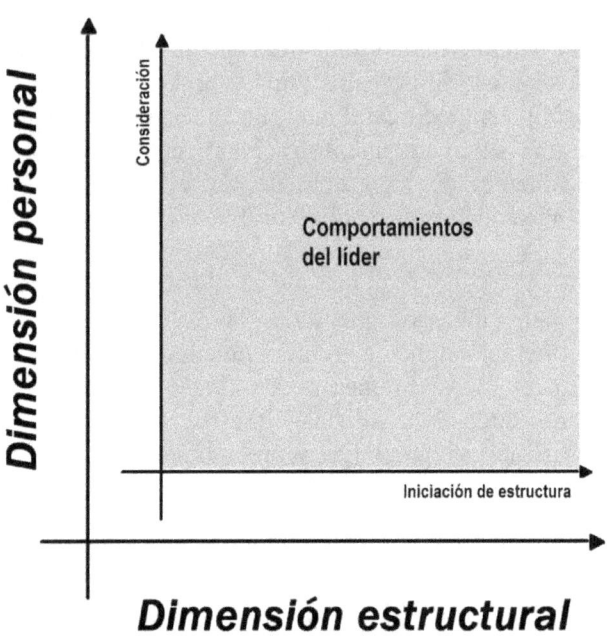

A semejanza de los Ohio State, pero variando sus denominaciones, los estudios de Michigan, en cambio, utilizan la terminología de "orientación a los empleados" (dimensión personal) y "orientación a la producción" (dimensión estructural) (Likert, 1961; 1967).

Los estudios de liderazgo de Michigan

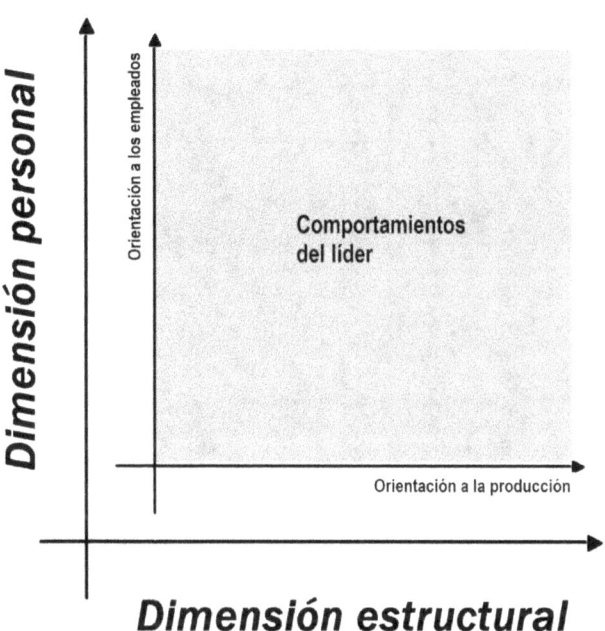

Por su parte, el *Grid Gerencial* de Blake y Mouton (1964) utiliza las denominaciones "preocupación por la gente" (dimensión personal) y "preocupación por la producción" (dimensión estructural) como los ejes para situar las posibilidades conductuales del líder; y los ejemplifica con cinco comportamientos potenciales.

El grid gerencial

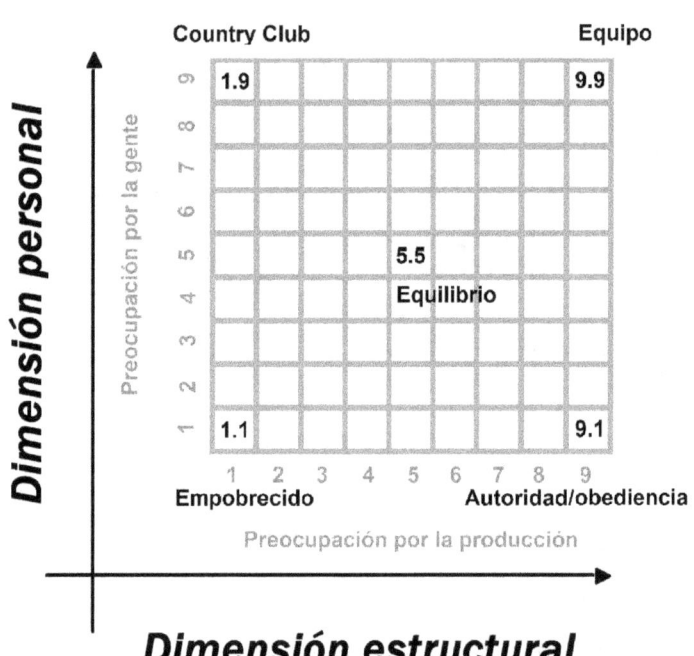

Dimensión estructural

Finalmente, en las dos dimensiones utilizadas por la teoría del liderazgo transaccional, desaparece la dimensión personal para cederle su lugar a la dimensión racional. En este tipo de liderazgo, el líder atiende, por una parte, normas, procesos y cumplimiento (dimensión estructural); y, por lo otra, evalúa logros y desempeño de acuerdo con las metas (dimensión racional).

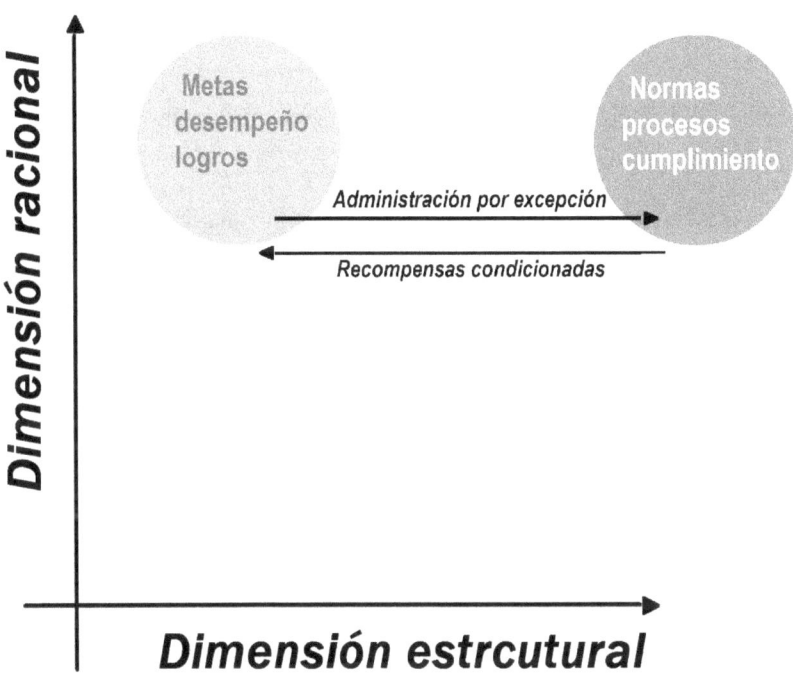

3.3. Teorías de liderazgo en tres dimensiones

El máximo número de dimensiones simultáneas utilizadas por las teorías de liderazgo del siglo XX son tres.

Estas tres dimensiones son el resultado de añadir una dimensión adicional a las dimensiones personal y estructural generalmente utilizadas por las teorías del liderazgo conductual previas.

Al buscar incorporar el contexto a los elementos centrales del liderazgo, cada una de estas teorías adiciona la variable que, a su juicio, refleja ese contexto de la manera más relevante.

La dimensión que más frecuentemente se añade es la dimensión racional, aunque en dos de las teorías estudiadas, la dimensión añadida es la dimensión política y, en una, la simbólica.

Así, la Teoría de la Contingencia de Fiedler, a la relación líder-seguidores (dimensión personal) y estructuración de la tarea (dimensión estructural), le suma el poder del líder (dimensión política) como la variable que mejor refleja la naturaleza de ese contexto.

Al añadir la dimensión política, esta teoría no mide el grado de poder del líder sino simplemente lo sitúa en alguno de dos extremos, un líder fuerte o un líder débil, como resultado de aspectos tales como su capacidad para otorgar recompensas y sanciones a sus seguidores; la autoridad que ejerce sobre ellos; así como el apoyo que recibe de su organización (Fiedler, 1958, 1967, 1984).

Teoría de la contingencia de Fiedler

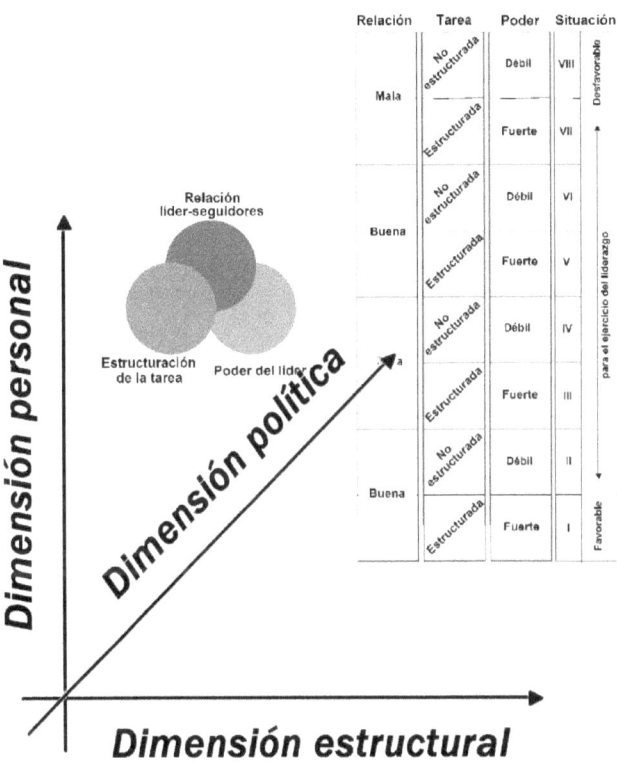

Lawrence y Lorsch (1967), en cambio, se enfocan en el medio ambiente y al agregar la dimensión racional buscan incorporar la capacidad del líder para resolver problemas en condiciones de ambigüedad e incertidumbre, como la variable relevante; sin embargo, más que medir esa capacidad, simplemente distinguen tres rangos o niveles.

Liderazgo y medio ambiente

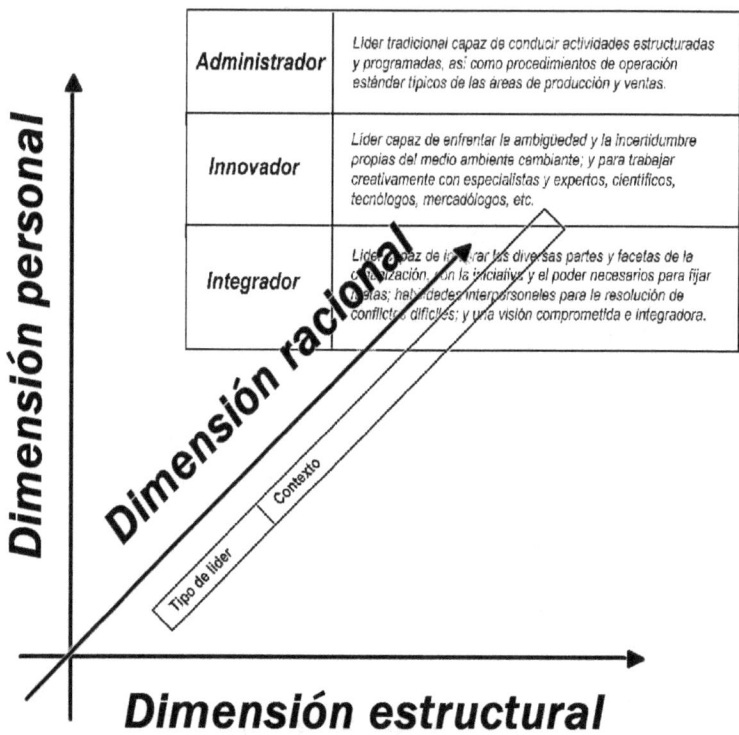

Estos tres niveles son el líder como administrador; como innovador; o como integrador; que corresponden a tres grados de apertura al medio ambiente en sus áreas de responsabilidad.

Como Lawrence y Lorsch, Hersey y Blanchard (1969) también añaden la dimensión racional en su modelo.

En su caso, esta adición la hacen para incorporar la capacidad del líder para determinar y adaptarse al grado de madurez de sus seguidores como la variable relevante; e identifican cuatro posibilidades diferentes de madurez.

Liderazgo situacional

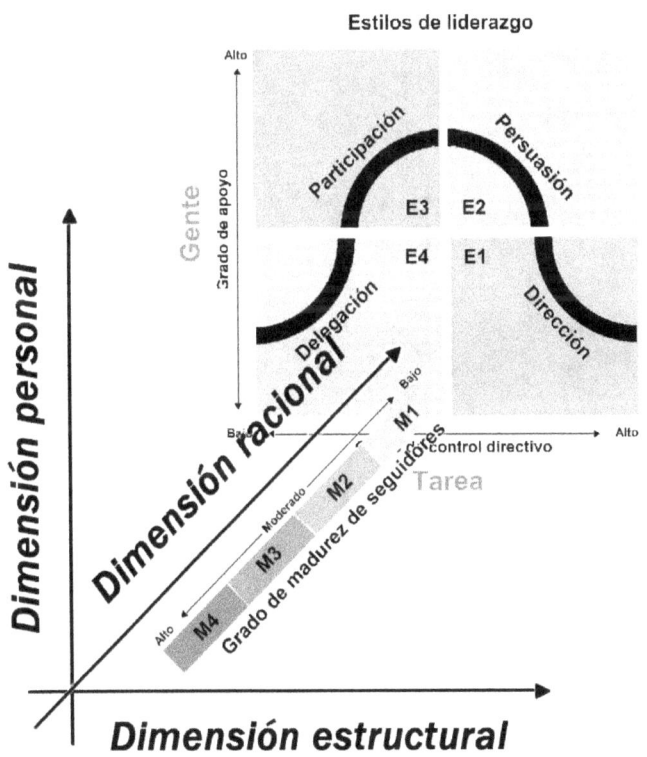

Reddin (1970) también añade la dimensión racional, pero la utiliza para incorporar, como variable relevante, el grado de efectividad del estilo del líder por los ajustes que realiza en las dimensiones personal y estructural para mejor adaptar su comportamiento a las demandas del contexto.

Teoría 3D de Reddin

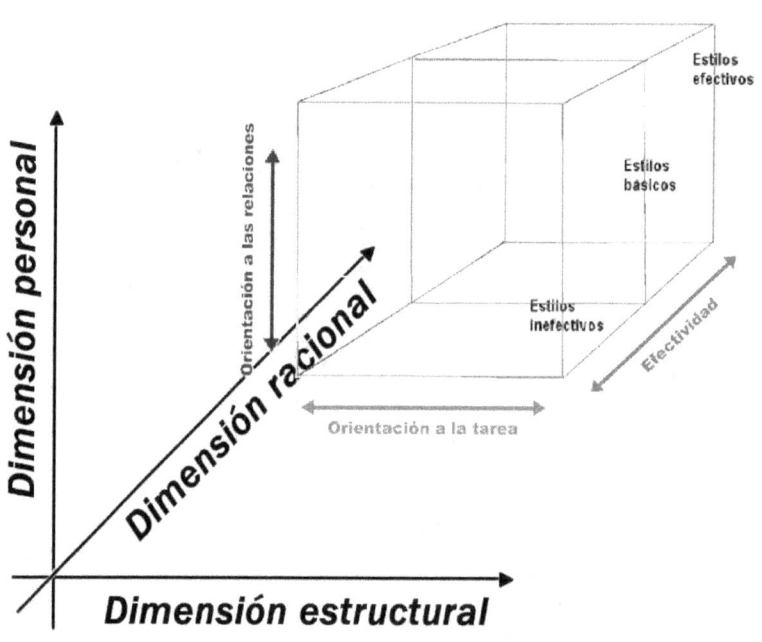

En la teoría del liderazgo transformador no sólo se añade la dimensión racional, sino que la dimensión estructural desaparece para ser sustituida por la dimensión simbólica.

Liderazgo transformador

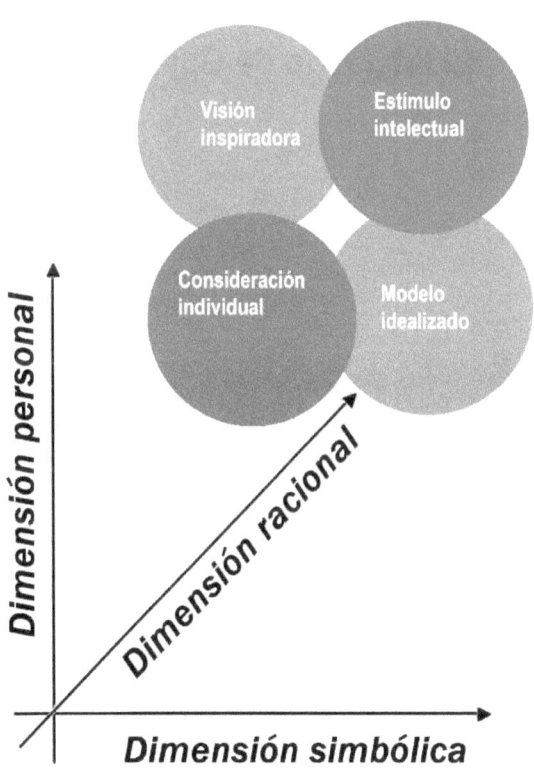

La dimensión racional se añade para incorporar el estímulo intelectual de los seguidores como una variable relevante del modelo. Y de la misma manera, por suscribirse a la Teoría Y (McGregor, 1964), que parte del principio que los seres humanos son personas responsables que buscan desarrollar todo su potencial y no requieren de una supervisión estrecha, sustituye la dimensión estructural por la simbólica para incorporar el ofrecer una visión inspiradora a sus seguidores y su idealización de las cualidades del líder como variables relevantes.

El liderazgo de Goleman

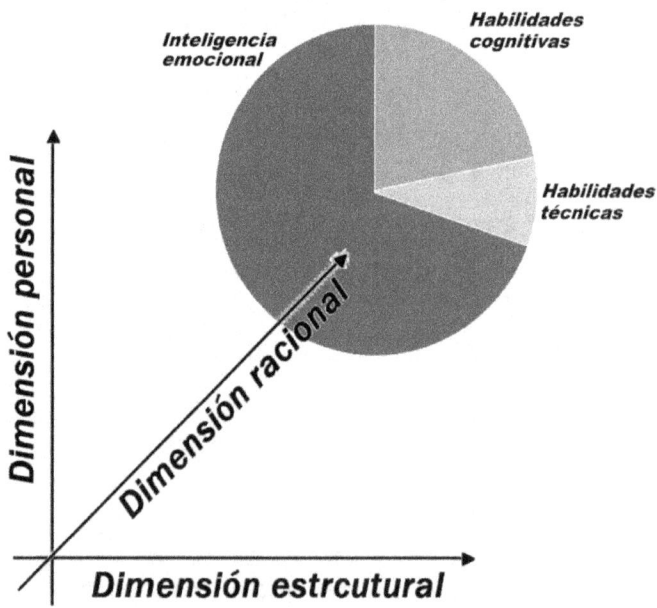

La teoría del liderazgo de Goleman, adiciona también la dimensión racional, pero mantiene las dimensiones personal y estructural.

El cambio radical que ofrece esta teoría está centrado, sin embargo, en las proporciones de participación que asigna a cada una de esas tres dimensiones.

Disminuye la participación de la dimensión estructural; inserta las habilidades cognitivas como variable relevante dentro de la dimensión racional; y maximiza la dimensión personal, al centrar el liderazgo en la inteligencia emocional (Goleman, 1998a, 1998b, 1999).

Como se ha visto, para Goleman la inteligencia emocional –que integra las inteligencias intrapersonal e interpersonal de Gardner– es "el doble de importante a todos los niveles" por lo que, para Goleman, la dimensión personal duplicaría en importancia y centralidad a las dimensiones racional y estructural.

Por último, la Teoría del Liderazgo de Alto Desempeño o Triada del Liderazgo de Zand (1997), no sólo añade la dimensión racional, sino que, manteniendo la dimensión personal, sustituye la dimensión estructural por la política.

Identifica la confianza –a través de la comunicación, la colaboración y el compromiso– como la variable relevante en la dimensión personal; los conocimientos –a través del acceso a fuentes de información y a personas– como la variable relevante dentro de la dimensión racional; y el poder –a través de su limitación y su control– como la variable relevante dentro de la dimensión política.

La dimensión política contribuye así, en este caso, a proteger la dimensión personal, al limitar y controlar el poder del líder y su ejercicio sobre sus seguidores: Con personas cada vez más educadas e informadas, en vez de dar órdenes, el líder se comporta como consultor y como cliente.

Liderazgo de alto desempeño
La triada del liderazgo

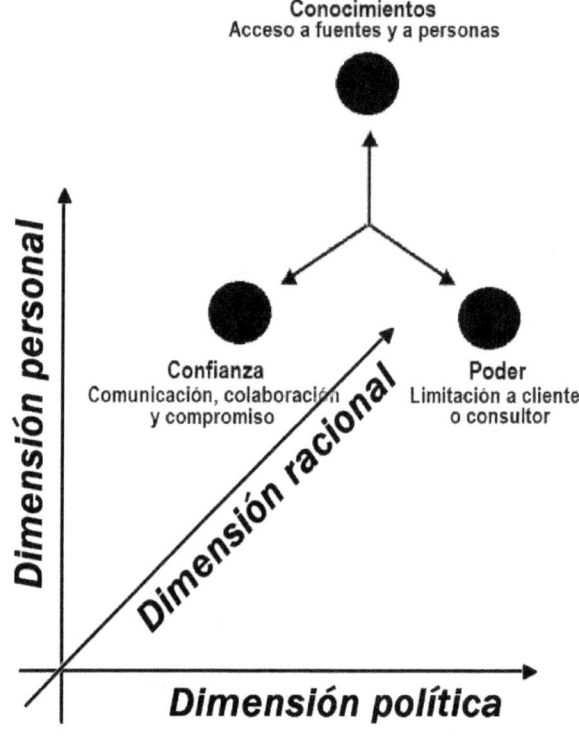

4. Ruptura y renovación de premisas y prácticas

Como se ha visto, las teorías del liderazgo del siglo XX giran en torno a una visión del liderazgo como generado por la figura de un líder; para quien ese liderazgo es un atributo personal innato.

Y, en esa visión, así como existen líderes, existen seguidores, también innatos, que responden en cada caso a las características particulares de su líder.

En ambos casos, ser líder o ser seguidor, se ve como parte de la naturaleza intrínseca de cada persona.

Durante casi todo el primer tercio del siglo, toda la atención recae exclusivamente en la figura del líder. Con el advenimiento de la corriente o escuela de Relaciones Humanas (Mayo, 1933) paulatinamente se van atendiendo algunas variables relativas a los seguidores, aunque casi en todos los casos, en función de la figura del líder y su estilo propio de liderazgo.

Todo ello en un ámbito exclusivamente unidimensional [dimensión personal], al que, forzados por la realidad, se le van añadiendo variables de otras dimensiones [estructural, racional, política] sin conciencia de su dimensionalidad por lo que, en ningún momento se puede hablar de multidimensionalidad.

En suma, el paradigma fundamental del siglo XX concibe el liderazgo como individual, personal e innato.

Este paradigma integra y estructura el conjunto de premisas básicas que define, durante la mayor parte del siglo XX, la manera de ver, comprender y de actuar respecto al líder y al liderazgo en las organizaciones sociales.

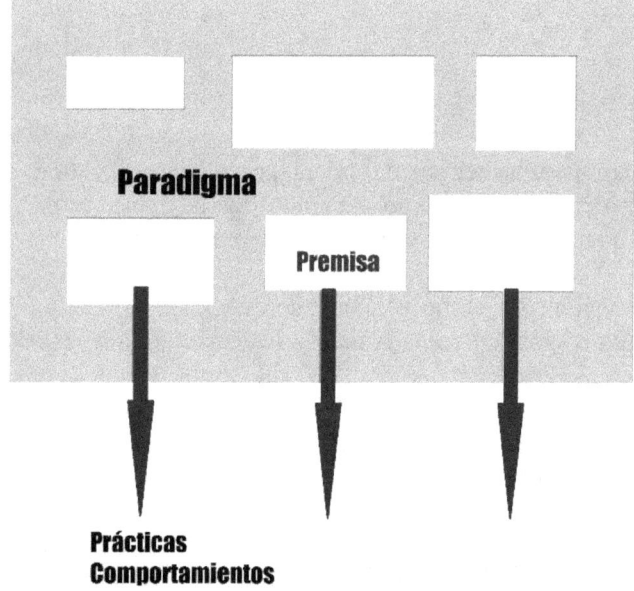

4.1. Premisas del liderazgo del siglo XX

Estas premisas básicas establecen, así, que el liderazgo es (1) un atributo personal e (2) individual, con el que (3) el líder nace, por lo que no es (4) transferible ni puede ser materia de aprendizaje por parte de quienes no han nacido con este atributo. (5) El jefe es el líder nato de la gente a su cargo.

No todas estas premisas se manejaron, sin embargo, de la misma manera.

Si bien el carácter individual y personal del liderazgo, encarnado en "el líder" se manejó de manera explícita y abierta a lo largo de todo el siglo XX; la frecuencia con la que aparecía enunciada la premisa sobre su carácter innato disminuyó considerablemente durante la segunda mitad del siglo; y las premisas sobre su intransferibilidad y su carácter jerárquico se dejaron más a la inferencia o a la referencia indirecta que a la declaración explícita.

Esta asociación entre liderazgo y posición jerárquica, sin embargo, no sólo se multiplicaba continuamente al convertir a la una en sinónimo de la otra –hasta llegar al extremo, mencionado en el capítulo 1, en que muchos de los programas de administración para formar directivos educativos fueron rebautizados como programas de liderazgo tanto en el Reino Unido, como en los E.E.U.U.

Incluso, en muchos de los textos de administración o liderazgo se confirma esa sinonimia implícita entre ejecutivos y líderes (Hofstede, 1980b; Bennis y Nanus, 1985; Bennis, 1989; Moulton y Fickel, 1993). Y se refleja también en la prensa de los E.E.U.U. cuando un cambio de directivos se presenta como un cambio de liderazgo ("Ally Announces Leadership Changes" *New York Times*. April 19, 2018).

El liderazgo en el siglo XX

Premisas básicas

Personal
El liderazgo es un atributo personal del líder.

Individual
Como tal, es individual, no colectivo.
Cada líder tiene su propio estilo.

Innato
Unas personas nacen líderes y otras, seguidores.

Intransferible
No es transferible porque no es aprendible ni desarrollable. El líder es siempre el líder.

Jerárquico
El jefe es el líder natural de la gente a su cargo.

Como también se ha visto, a esta serie de premisas básicas se le fueron añadiendo premisas adicionales que permitieran ir ajustando las teorías del liderazgo a la realidad.

Por ejemplo, las teorías del liderazgo conductual insertaron estas conductas en un cuadrante definido por dos ejes: la consideración por la gente y la preocupación por la tarea.

Estos dos ejes, personas y tareas, permitieron tanto resaltar la importancia de estos dos parámetros, como situar conductas características o estilos de liderazgo (Blake y Mouton, 1964; Fleishman, 1953; Korman, 1966; Likert, 1961, 1967; Tannenbaum y Schmidt, 1958, 1973).

Posteriormente, las teorías del liderazgo contextual añadieron, por una parte, la circunstancia en la que tiene lugar el liderazgo y por la otra, la incorporaron a sus teorías particulares entendiéndola y reflejándola de manera diferente a través de variables tales como el poder (Fiedler, 1958, 1967, 1984); el grado de ambigüedad e incertidumbre (Lawrence y Lorsch, 1967); el grado de madurez de los seguidores (Hersey y Blanchard, 1969); la efectividad (Reddin, 1970); y los conocimientos y el poder (Zand, 1997).

Las teorías transaccionales amplían ese contexto para incluir tanto el tipo de supuestos que se puedan tener sobre el ser humano –Teorías X y Y. (McGregor, 1960)– como la naturaleza del intercambio potencial entre el líder y sus seguidores (Burns, 1978; Bass, 1985).

El liderazgo relacional, en cambio, vuelve por su parte a la figura del líder para –apoyándose en dos de las inteligencias múltiples de Gardner (1983, 1993)– acentuar la importancia no sólo de conocimientos y técnicas, sino, especialmente, de la inteligencia emocional por parte del líder (Goleman, 1998a y 1999).

Aunque en este último caso podría pensarse que se trata de un retorno a las teorías del atributo personal e innato del líder, y de una precisión del carácter de éste; por la naturaleza incluyente de la inteligencia interpersonal –que con la inteligencia intrapersonal, constituye el otro componente de la inteligencia emocional– el acentuar la inteligencia emocional del líder es una manera de incorporar contextualmente a los seguidores, sus necesidades y su grado de madurez.

La premisa axial se refiere, así, a la situación del liderazgo en un campo de valores formado por dos ejes. Uno de los ejes anclado en la valoración de la persona y el otro, en la valoración de la tarea.

El liderazgo en el siglo XX

Premisas adicionales

Axial

El liderazgo individual está situado en algún lugar de un cuadrante definido por dos ejes: preocupación por las personas y preocupación por la tarea.

Circunstancial

El liderazgo individual no se da en el vacío sino en una circunstancia concreta (momento, situación, contexto), por lo que inciden sobre él variables tales como el grado de poder; los conocimientos y la inteligencia emocional del líder; su capacidad para enfrentar la ambigüedad y la incertidumbre; el grado de madurez de sus seguidores y el tipo de intercambio con éstos.

La premisa circunstancial incorpora, a su vez, las variables que a juicio de cada una de las teorías reflejan con mayor precisión su incidencia sobre el liderazgo.

Esas son, en suma, las premisas básicas y adicionales del liderazgo del siglo XX. Y estas premisas se reflejan fielmente en todas sus prácticas, es decir, en todas y cada una de las acciones concretas de esos líderes y en los procesos utilizados por las organizaciones para seleccionarlos.

El liderazgo absoluto implica una *ruptura* con algunas de esas premisas y esas prácticas y una *renovación* de las restantes.

4.2. Ruptura con premisas y con prácticas

La ruptura fundamental se da con las premisas básicas; la renovación, con las premisas añadidas posteriormente o premisas adicionales.

En el liderazgo absoluto, el liderazgo no se contempla como un *atributo personal* sino como una *capacidad grupal* o de equipo.

Por ello, no se le ve como algo *individual* sino como algo *colectivo* aunque en cada momento sea un individuo quien lo ejerza.

Tampoco se le concibe como algo *innato*, sino como una capacidad *aprendible y desarrollable* apoyándose en las características individuales específicas de cada persona.

En ese sentido, al no ser un atributo personal innato, el ejercicio del liderazgo es *transferible* –de acuerdo con las demandas de la circunstancia; los objetivos del grupo o equipo de trabajo; y los perfiles particulares de los miembros del grupo.

Finalmente, el ejercicio del liderazgo es *independiente de jerarquías.*

La jerarquía forma parte de un sistema diferente: el sistema de división e integración del trabajo; agrupación de actividades; y delegación de responsabilidades y toma de decisiones que integran la estructura organizacional.

El poder legítimo (en la terminología de French y Raven, 1959) resultante de dicha jerarquía, sin embargo, puede ser una contribución valiosa de quien ocupa esa jerarquía a los recursos, aportados por los miembros del grupo y compartidos por todos, para fortalecer la capacidad de liderazgo del grupo; pero la jerarquía en sí, no puede ser considerada como una variable constitutiva del liderazgo.

En suma, para el liderazgo absoluto, el liderazgo deja de ser personal, individual, innato, intransferible y jerárquico; por entenderse como una capacidad grupal y, por lo tanto, colectivo, aprendible y desarrollable, transferible e independiente de toda jerarquía.

Para el liderazgo absoluto sigue habiendo líderes y seguidores, siendo todos potencialmente ambos, dependiendo del perfil personal y de las demandas específicas del contexto en un momento determinado.

Las habilidades de liderazgo y de seguidazgo pueden y deben desarrollarse a partir del conocimiento de uno mismo –la inteligencia intrapersonal de Gardner (1983, 1993).

Entre estas habilidades se encuentran la lectura precisa del contexto y la situación y del perfil particular y el potencial de cada uno de los miembros del grupo o equipo de trabajo (Ortega, 2017).

4.3. Renovación de premisas y de prácticas

Mientras que las premisas básicas del liderazgo del siglo XX exigieron una ruptura, no sucede lo mismo con las premisas adicionales añadidas en la segunda mitad del siglo.

El liderazgo absoluto retoma esas premisas adicionales para renovarlas, ampliándolas y precisándolas.

En primer lugar, las dimensionaliza, es decir sitúa a ambas dentro de la concepción más amplia de las dimensiones organizacionales.

Esto permite, primero, reconocer que los valores anclados por los ejes originales corresponden a las dimensiones personal (consideración, atención a las personas) y estructural (preocupación por la tarea).

Y, segundo, amplía la concepción al pasar de dos ejes, a cinco, cada uno anclando los valores, premisas y supuestos propios de cada una de las cinco dimensiones.

El hecho de que gráficamente no sea posible representarlos no hace imposible su conceptualización. Por el contrario, la gráfica tridimensional, facilita su comprensión.

En suma, la premisa axial renovada permite la situación dimensional del liderazgo al ampliar el campo original de dos a cinco dimensiones.

En segundo lugar, ya dimensionalizada, amplía la premisa circunstancial al expandir la concepción del contexto al comprenderlo como inserto en una cultura nacional, organizacional, etc. y participando de una serie potencial de subculturas profesionales, regionales, etc.

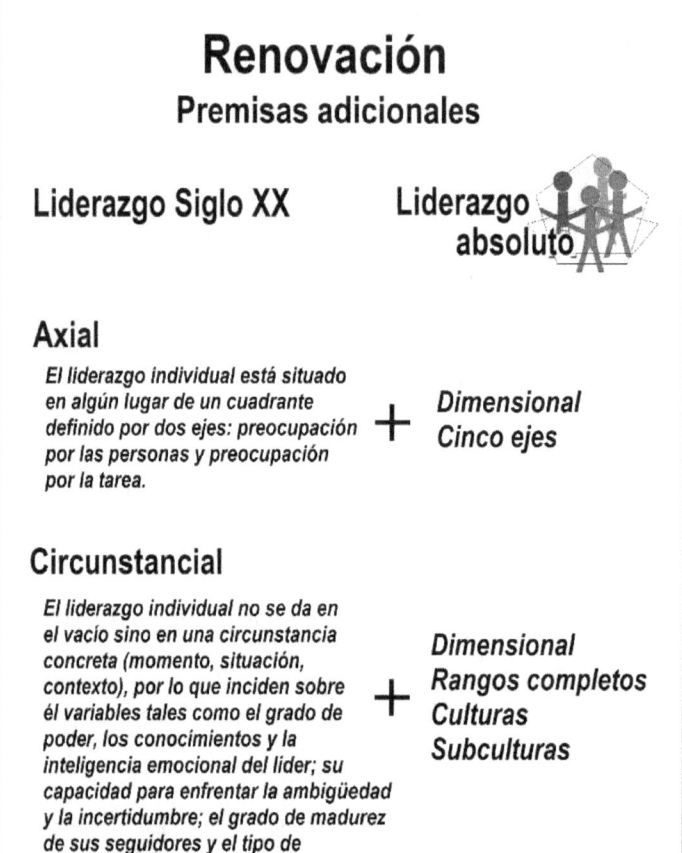

Al mismo tiempo incorpora los rangos completos de todas las variables (tales como relación, estructura, poder) que previamente no eran vistas sino en sus extremos o en un número muy limitado de posibilidades fijas.

> # Renovación
>
> ## Premisas renovadas
>
> ### Axial
> *El ejercicio del liderazgo está situado en algún lugar de los cuadrantes definidos por los ejes de las cinco dimensiones: racional, personal, estructural, política y simbólica.*
>
> ### Circunstancial
> *El ejercicio del liderazgo no se da en el vacío sino en una circunstancia concreta (momento, situación, contexto -incluyendo un conjunto de culturas y subculturas); por lo que debe responder y variar de acuerdo a las demandas de ésta.*

El liderazgo absoluto no sostiene que todas las premisas y prácticas del liderazgo del siglo XX hayan estado mal, sino que son parciales e incompletas para comprender y explicar el fenómeno del liderazgo y, por lo tanto, para facilitar su desarrollo.

En los casos concretos en que las variables que estas teorías no incluyen se aproximan a cero o tienen una importancia marginal, las teorías dan la apariencia de reflejar puntualmente la realidad.

Este podría ser el caso de todas las teorías que no incluyen –por ejemplo– el contexto como variable, cuando el liderazgo se ejerce en contextos altamente estructurados –como el descrito por Lawrence y Lorsch (1967) para el 'Administrador'.

Sin embargo, tan pronto como esa variable no incluida adquiere un valor mayor las teorías que la excluyeron dejan de ser operantes.

Y lo mismo podría ejemplificarse para el resto de las variables no incluidas originalmente.

Por otra parte, al incluir sólo una o dos posiciones fijas –por ejemplo, relación buena o mala; poder fuerte o débil; tarea estructurada o no estructurada, por ilustrarlo con Fiedler (1967)– implicaría que no se trata de un continuo sino exclusivamente de sus extremos o de dos valores fijos.

La dimensionalización del contexto permite, en cambio, situar el liderazgo no sólo en cada una de las cinco dimensiones sino, dentro de cada una de ellas, en lugares que reflejen de manera más precisa ese liderazgo.

5. El liderazgo absoluto

El liderazgo absoluto define el liderazgo como la capacidad de un grupo de personas o equipo de trabajo, y de cada uno de sus integrantes, para facilitar y optimizar las contribuciones individuales y en ellas apoyarse para el logro de los objetivos comunes, maximizando, en todo momento, las potencialidades del grupo.

El liderazgo surge de una relación entre dos o más personas, cada una con un perfil dimensional propio con rasgos –capacidades y posibilidades– diferentes.

El liderazgo se ejerce en un contexto particular que es, precisamente, el que –dado su propio perfil dimensional– convierte esos rasgos particulares de cada uno en fortalezas o en limitaciones –para esa circunstancia.

Las potencialidades del grupo se maximizan cuando ese liderazgo lo ejerce, en cada momento, aquel miembro del equipo de trabajo que conjugue las fortalezas que la situación y el grupo requieran en ese momento del líder; y que natural y automáticamente lo cede a quien mejor pueda ejercerlo cuando esas condiciones cambien.

En ese sentido, el liderazgo absoluto se distribuye entre tantos líderes diferentes como la situación y el grupo requieran. El liderazgo es absoluto y permanente; los líderes son condicionados y transitorios.

El foco de atención recae, así, en la cualidad, la función, la actividad y las demandas del liderazgo no en el líder.

Al verse como una capacidad del grupo, todos sus miembros podrán ser tanto líderes como seguidores y en determinados momentos –en que su perfil dimensional sea el más adecuado para enfrentar una circunstancia determinada– lo serán.

Por ello, ese liderazgo grupal es una responsabilidad de todos, y todos tendrán que contribuir –según sus propias fortalezas y debilidades– no sólo para hacerlo posible, sino para desarrollarlo y optimizarlo.

Así, el liderazgo absoluto se hace posible en la confluencia de cuatro marcos fundamentales: el marco dimensional, el marco relacional, el marco contextual y el marco distributivo.

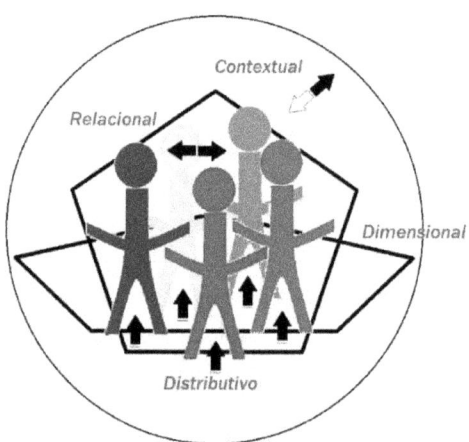

El marco dimensional define y analiza el ámbito general en el que existen y operan tanto las culturas y las organizaciones sociales, como las interacciones humanas, incluyendo el liderazgo.

El marco relacional se enfoca en aquellas interacciones humanas que hacen posible el liderazgo.

El marco contextual atiende el entorno específico en el que operan los grupos de trabajo y sus líderes, y los retos y las oportunidades que, en un determinado momento, ese entorno y circunstancia les presenta.

El marco distributivo, finalmente, contempla los procesos a través de los cuales un grupo de trabajo asigna los roles de líder y de seguidores y los tiempos y las condiciones en que estas asignaciones o investiduras se dan.

5.1. El marco dimensional

El maro dimensional es el reconocimiento de que el liderazgo se da inmerso en cinco dimensiones (racional, personal, estructural, política y simbólica).

Cada una de estas dimensiones tiene sus propios valores, premisas, supuestos y comportamientos distintivos.

Como las cinco siempre están presentes y en interacción constante, se tienen que atender no sólo cada una de las cinco individualmente sino, también, los efectos adicionales de las interacciones potenciales entre ellas.

Asimismo, cada una de las cinco dimensiones tiene que manejarse en sus propios términos: Aunque la dimensión racional pueda ser útil para entender cómo funcionan las demás, desde esa racionalidad no se pueden manejar las dimensiones restantes.

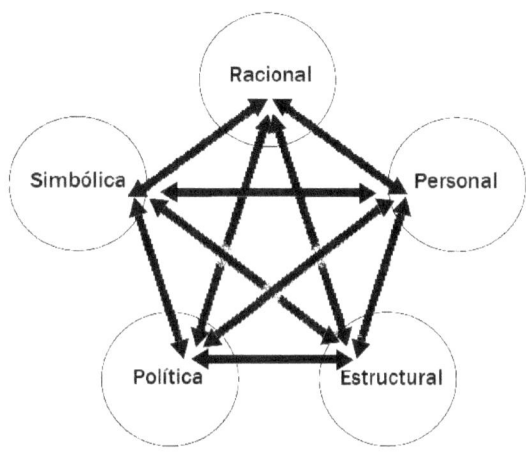

"Hay razones del corazón que la razón no conoce", decía Pascal (1670/1995) refiriéndose a que no puede tenerse la vivencia de la dimensión personal desde la dimensión racional.

Podemos extender esa máxima a las otras dimensiones: las negociaciones, la limitación y manipulación de información; y la incertidumbre y la sorpresa son indispensables para la dimensión política –y no pueden comprenderse como herramientas de poder sino desde la dimensión política.

Los procesos –aún antes de la tiranía digital actual– requieren cumplimiento y fidelidad; pensarlos no hace sino interrumpirlos y dislocarlos.

En ese sentido deben contemplarse como equivalentes a estar tocando un instrumento musical en que los dedos y las manos ejecutan las notas sin pensarlas previamente porque no es la memoria racional sino la memoria manual –la memoria del hacer y la rutina– la que entra en juego.

Los ritos y las ceremonias; los héroes y las leyendas; las investiduras y los símbolos, cuando son racionalmente desvestidos y explicados pierden su significación y su certidumbre. Y al perderse la convicción y la confianza, pueden acabar convertidos en representaciones caricaturescas y sin sentido. El logotipo de una empresa, por ejemplo, no es un dibujo sino un significado potencialmente compartido por muchos.

La propia dimensión racional, si se le trata de manejar desde otras dimensiones podría parecer amoral, insensible o inhumana.

Como cada dimensión atiende, procesa y utiliza un mismo insumo de manera diferente los perfiles dimensionales personales pueden conducir a resultados radicalmente diferentes.

Por ejemplo, la información, procesada a través de la dimensión racional se concibe y procesa como un medio para incrementar conocimientos y ratificar o rectificar datos; en cambio, esa misma información, procesada a través de la dimensión política se concibe y procesa como una herramienta para mantener o incrementar el poder.

Por ello –independientemente de la dimensión o la intención de origen– qué dimensión o dimensiones se utilizan preferentemente para recibir o interpretar insumos será un factor determinante en cómo se procesan y se manejan o utilizan esos insumos.

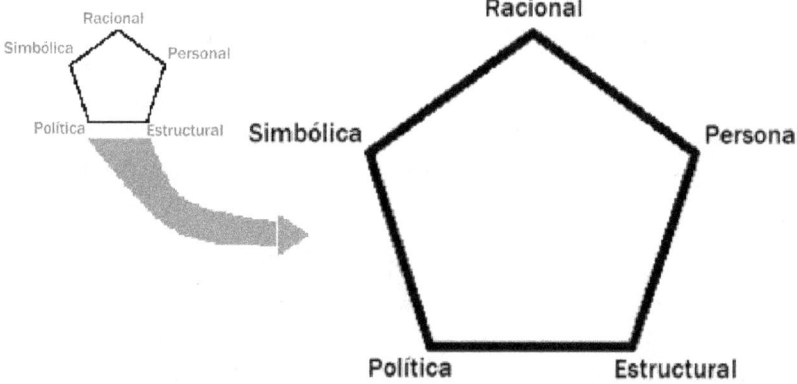

Desde la perspectiva dimensional, por ejemplo, la clasificación de las fuentes de poder, ampliamente utilizada en los estudios organizacionales, desarrollada por French y Raven (1959), adquiere una mayor claridad y precisión.

Esta clasificación identifica, como fuentes de poder, el poder de experto, el poder de referente, el poder legítimo y el poder coercitivo y de recompensa.

El poder de experto se apoya en conocimientos e información; es un poder generado por la dimensión racional.

El poder de referente se apoya en cualidades personales como el carisma y la capacidad de relación; y en la admiración y el respeto que esas cualidades y la persona que las exhibe inspiran en los demás; es un poder generado por la dimensión personal.

El poder legítimo o formal depende del puesto que se ocupa y de las normas organizacionales en las que opera; es un poder generado por la dimensión estructural.

El poder coercitivo y de recompensa depende del poder para castigar o para premiar, para facilitar o para dificultar, que tiene una persona. Se apoya en el miedo, en la amenaza, en el condicionamiento y en la retribución. Es un poder para forzar y obligar, generado por la dimensión política.

El poder de investidura depende de la dignidad que se confiere a una persona al ungirla y conferirle un rol o una función significante en una comunidad. French y Raven lo asimilan al poder de referente, aunque no se genera por las cualidades de la persona sino por su imagen y, especialmente, por la unción o proclamación correspondiente, conferida por otros.

Depende de ceremonias y de rituales significativos para quienes forman parte de esa comunidad; es un poder generado por la dimensión simbólica.

Significativa y paradójicamente, para que conocimientos o información; carisma o afecto; puesto o normas; imagen o ritual puedan generar poder, forzosamente tienen que manejarse dentro de la dimensión política –con sus valores, premisas, supuestos y prácticas propias. Si se manejan dentro de sus dimensiones de origen –y con los valores, premisas, supuestos y prácticas propias de cada una de ellas– no harían sino reforzar; en cada caso, lo racional, lo personal, lo estructural o lo simbólico de la persona o de la cultura que los utilice.

El marco dimensional exige, precisamente, que el liderazgo se maneje dimensionalmente sin excluir ni favorecer por sí misma a ninguna de las cinco dimensiones.

Por lo tardío de su aceptación como realidades organizacionales legítimas y por lo tanto, de su incorporación a las teorías y prácticas de la administración, las dimensiones política y simbólica –como se ha mencionado– permanecieron ausentes de las teorías del liderazgo durante la mayor parte del siglo XX.

"Sin reservas, podemos afirmar que todas las teorías organizacionales actuales han fallado al no incluir el poder" en las organizaciones y sin poder "los líderes no pueden ser líderes" (Bennis y Nanus, 1985:15).

Exactamente igual –pero aún más tardíamente– principió la incorporación de la dimensión simbólica a los estudios organizacionales.

Y aunque Bennis y Nanus se refieren a la dimensión política, lo mismo podría decirse de las cinco dimensiones: sin cada una de ellas, "los líderes no pueden ser líderes".

Por ello, la atención y el manejo consciente y efectivo de las cinco dimensiones es indispensable para el liderazgo absoluto.

5.2. El marco relacional

El marco relacional incorpora las relaciones entre líder y seguidores, así como de los seguidores entre sí, como un elemento fundamental del liderazgo absoluto.

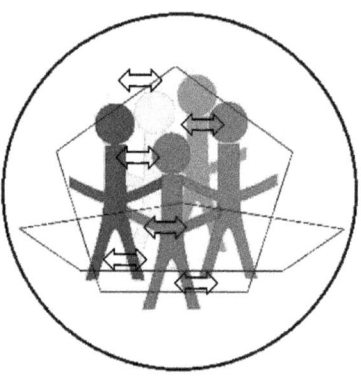

Como se ha dicho, para que el liderazgo sea posible es indispensable que haya una relación entre dos o más personas: La del líder y al menos un seguidor

o seguidores y la de los seguidores entre sí, en caso de ser más de uno.

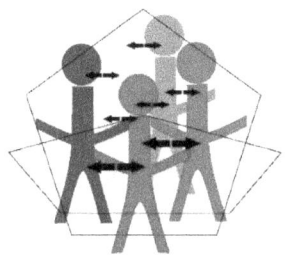

Sin una relación entre por lo menos dos personas, la figura del liderazgo no es posible; en otras palabras, por su naturaleza intrínseca, el liderazgo es relacional. Nace de la relación y sólo como relación existe.

Por ello, no es sorprendente que la primera variable adicional que las teorías del liderazgo del siglo XX incorporaran a los atributos del líder, haya sido la de la relación del líder con sus seguidores. Sin embargo, enfocadas como están estas teorías en la persona del líder y en los atributos de éste, tienden a comprender esa relación exclusivamente en términos del líder, definiéndola y acotándola de acuerdo a las cualidades y a las limitaciones personales de éste.

El liderazgo absoluto, por el contrario, al enfocarse en el liderazgo y no en el líder o líderes, reconoce que esta relación se define en términos de todos los participantes, sean líderes o seguidores; y atendiendo también las relaciones entre todos ellos, incluyendo las relaciones de los seguidores entre sí.

Para el liderazgo absoluto, esta relación debe distinguirse por la presencia de tres variables fundamentales que permitan conducir a una cuarta variable.

Estas variables indispensables se refieren al *respeto* y la *confianza* entre los miembros del grupo y al *conocimiento* de las fortalezas y las debilidades de cada uno de esos miembros, tanto de sí mismos como de todos los demás miembros del grupo.

El respeto, la confianza y el conocimiento de sí mismo y de los demás miembros constituyen las bases para que los integrantes del grupo lo transformen en un verdadero *equipo* de trabajo –la cuarta variable.

El respeto es la consideración que se tiene de cada miembro por su valor como persona, independientemente de sus fortalezas y debilidades y de las concordancias o de las simpatías que existan, aceptando y valorando también las discrepancias y diferencias que, en su caso, puedan reconocerse. Es una relación recíproca de respeto mutuo, resultado de la comprensión del otro como persona.

La confianza es la certeza de que una persona se comportará de manera correcta de acuerdo a la situación y las demandas del contexto en un momento determinado, porque se tiene plena seguridad de que la persona tiene tanto la voluntad como la capacidad para comportarse de esa manera. Aunque como resultado colateral pueda generarse un cierto grado de familiaridad entre los miembros del grupo, ni la familiaridad ni, aún menos, la intimidad, son requisitos para el tipo de relación que se busca.

El conocimiento es la información obtenida, comprendida e integrada tanto sobre sí mismo, como sobre cada uno de los miembros del grupo en áreas relativas y relevantes para los objetivos y tareas del grupo, que le permiten a cada miembro bosquejar las fortalezas y las debilidades de cada uno que pueden incidir directamente en el trabajo del grupo y en sus resultados.

El respeto y la confianza facilitan y fortalecen la comunicación franca entre los miembros del grupo, así como posibilitan, también, este conocimiento profesional.

El conocimiento de los demás y de uno mismo permite que los miembros del grupo sepan de antemano en quién, cómo y cuándo apoyarse dadas sus fortalezas y debilidades; según sean las demandas de la situación y del contexto en que se opere en un momento determinado.

El que la relación se dé y se caracterice por el respeto, la confianza y el conocimiento de los demás y de uno mismo es una responsabilidad de todos y cada uno de los miembros del grupo y no sólo de quien ejerza el liderazgo en ese momento.

De la misma manera, el transformar el grupo en un verdadero equipo de trabajo y, una vez logrado, mantenerlo y desarrollarlo como tal, también depende –y es una responsabilidad central– de todos sus miembros.

No depende del líder ni del jefe, depende de los miembros todos, como una responsabilidad tanto individual como colectiva, en función del perfil dimensional de cada uno y de las fortalezas y las debilidades resultantes de ese perfil.

Simplificando y generalizando: los miembros con un perfil dimensional distintivamente racional, contribuirán especialmente con información pertinente, fijación de objetivos, establecimiento de metas, evaluación de logros y medidas alternas.

Aquéllos con un perfil distintivamente personal, contribuirán especialmente tanto para facilitar las interacciones humanas y para crear las atmósferas conducentes al establecimiento de la relación; como para la detección y la canalización constructiva de emociones y sentimientos.

Quienes posean un perfil distintivamente estructural contribuirán con procedimientos, estructuras y roles que faciliten los procesos indispensables, primero para el establecimiento y posteriormente para el mantenimiento y el desarrollo de la relación; así como para la comprensión, la separación y la independencia de roles

Los miembros cuyos perfiles sean distintivamente políticos, facilitarán todo lo previamente mencionado fortaleciendo a los miembros políticamente débiles; acotando a los fuertes; y protegiendo al grupo de fuerzas externas que puedan afectar sus procesos internos.

Aquéllos cuyos perfiles sean distintivamente simbólicos, ayudarán a convertir todos esos procesos –incluyendo la investidura de líderes y la transmisión de ese liderazgo– en ritos y ceremonias significantes que, cada vez, cobrarán un mayor valor y un mayor sentido para los miembros del grupo.

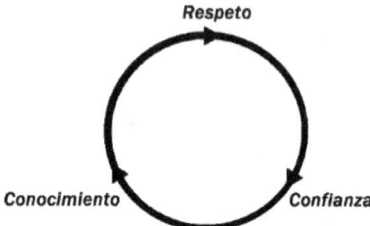

Como todas las relaciones, esta relación es dinámica por lo que es responsabilidad del grupo no sólo instituirla sino mantenerla y desarrollarla, en un círculo virtuoso que continuamente la optimice.

Debe recordarse, asimismo, que esta relación y este círculo virtuoso no se dan en el vacío, sino en un ámbito dimensional y en un contexto específico, por lo que deben atenderse ambos, no sólo por su importancia intrínseca sino también por su incidencia en esta relación que da lugar a la existencia misma del liderazgo.

A diferencia de las teorías del liderazgo del siglo pasado que consideraban el liderazgo como algo innato, el liderazgo absoluto parte de la premisa de que todas las habilidades indispensables para el liderazgo son adquiribles por parte de todos y que, cuando este aprendizaje se da a partir del perfil dimensional de cada quien, al apoyarse en sus propias fortalezas y conociendo sus propias debilidades y oportunidades de desarrollo, se subsanan carencias y se refuerzan talentos.

Inicialmente, en las décadas de los 60 y los 70 del siglo pasado, el énfasis en este desarrollo recaía exclusivamente en aspectos de la dimensión personal, con actividades para fortalecer la interacción interpersonal e incrementar el conocimiento tanto de sí mismo, como de los demás, en los llamados grupos de encuentro, de sensibilización, grupos T, dinámica de grupos o simplemente de relaciones humanas.

Desde una perspectiva dimensional, los resultados limitados de este tipo de procesos pueden explicarse por su exagerada dependencia en la dimensión personal, y su descuido de las dimensiones restantes; lo que conducía a que estas actividades pudieran ser percibidas por algunos de los participantes como erráticas y caóticas desde la dimensión estructural; o que el acento en la apertura y franqueza completa de los participantes condujera a la revelación de información personal que posteriormente y en otras circunstancias podía ser usada negativamente y en su contra desde la dimensión política –por sólo ejemplificar con dos dimensiones.

A partir de los años 80, sin embargo –aun y cuando no se tuviera una visión conscientemente dimensional– se han ido desarrollando –por separado– actividades y talleres en todas y cada una de las cinco dimensiones, lo que ha permitido un fortalecimiento verdaderamente integral.

Como la política y el manejo del poder en las organizaciones –a pesar de los trabajos de French y Raven (1959)– fue vista por los teóricos organizacionales como una disfunción y no como una realidad organizacional (Pfeffer, 1992:300), el estudio del poder y de la micropolítica organizacional se dan todavía más tardíamente (Ortega, 2017).

El mismo reconocimiento tardío ocurre con los procesos simbólicos (Bolman y Deal, 1984; Gagliardi, 1986) y, aún ahora, en algunos casos, a veces se les confunde con la cultura organizacional (Deal y Peterson, 1999).

En suma, el liderazgo es un tipo particular de relación entre dos o más personas. Como tal, es una característica y una capacidad grupal y no un atributo individual. No es innata sino aprendida –aunque se puedan poseer diversas cualidades que la faciliten– y para mantenerla y optimizarla se requiere de una serie de habilidades.

Como todas las interacciones humanas, involucra cinco dimensiones interactuantes y siempre presentes.

Para ilustrar con un ejemplo concreto, supóngase que el perfil dimensional de "Juan" coincide con el perfil dimensional 1 mencionado en la sección 2.1 del capítulo 2:

Perfil dimensional de 'Juan'
(Perfil dimensional 1 del capítulo 2)

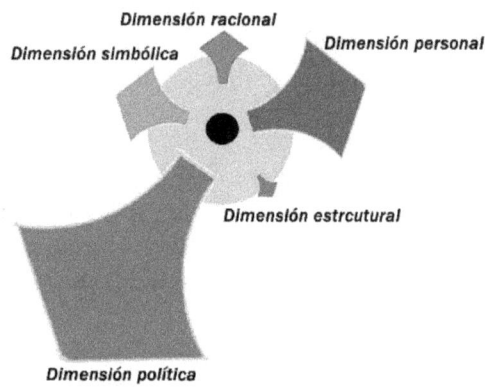

Las actividades diseñadas para fortalecer el conocimiento de los miembros del grupo tanto sobre sí mismos como sobre los otros miembros, le ayudará a Juan a precisar aquellos aspectos de su propio perfil que no hubiera tenido claros; así como les permiten a los demás miembros del grupo conocer mejor a Juan.

Con un perfil dimensional como éste, una de las grandes fortalezas de Juan radica en su afinidad natural por los valores, premisas, supuestos y comportamientos o prácticas de la dimensión política; y una de sus mayores oportunidades de desarrollo se enfoca en fomentar su familiaridad con los valores, premisas, supuestos y prácticas de la dimensión estructural.

A primera vista, no sería sorprendente que Juan les pareciera a sus compañeros como inconsistente, indisciplinado y errático –dada su debilidad en la dimensión estructural– así como oportunista y convenenciero –dada la fortaleza en la dimensión política.

El análisis del perfil dimensional de Juan, le permite al propio Juan buscar su fortalecimiento en las dimensiones estructural y racional; pero al mismo tiempo les permiten a los demás miembros de su equipo darse cuenta que en las cuestiones de manejo del poder (dimensión política) pueden apoyarse en Juan, una vez ganada la *confianza* indispensable en la relación –de la que ya se ha hablado.

De ser digno de esa confianza, Juan usará sus fortalezas en la dimensión política tanto para proteger y fortalecer a los miembros más débiles de su equipo, como para proteger a su equipo como un todo de embates políticos por parte de otros grupos o de otras instancias dentro de la misma organización.

Ello no quiere decir que Juan no pudiera beneficiarse con talleres de micro-política organizacional que le permitieran optimizar sus habilidades naturales en la dimensión política; de la misma manera que talleres sobre fijación de objetivos, evaluación de logros, ruta crítica, estructuras y procesos organizacionales le ayudarían a subsanar sus carencias en las dimensiones estructural y racional.

Perfil dimensional de 'Teresa'
(Perfil dimnesional 2 del capitulo 2)

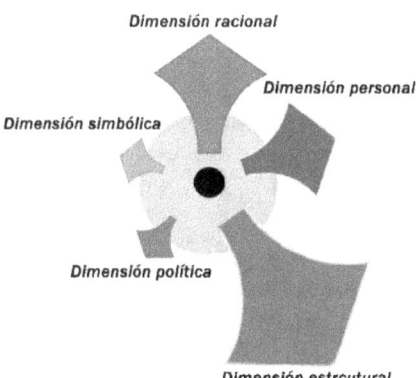

Para ampliar el ejemplo, supóngase ahora que el perfil dimensional de 'Teresa' –otro de los miembros del grupo o equipo de trabajo– coincide con el perfil dimensional 2 de la sección 2.1 del capítulo 2:

Nuevamente, las actividades diseñadas para fortalecer el conocimiento de los miembros del grupo tanto sobre sí mismos como sobre los otros miembros, le ayudará a Teresa, como le ayudó a Juan, a precisar aquellos aspectos de su propio perfil que no tuviera claros; así como también les permiten al resto del grupo conocer mejor a Teresa.

Con un perfil dimensional como éste, una de las grandes fortalezas de Teresa se encuentra en su afinidad natural por los valores, premisas, supuestos y comportamientos o prácticas de la dimensión estructural; y una de sus mayores oportunidades de desarrollo sugeriría incrementar su familiaridad con los valores, premisas, supuestos y prácticas de las dimensiones política y simbólica.

A diferencia de Juan, a primera vista, Teresa les parecería a sus compañeros como rígida, burocrática e insensible –dada su fortaleza en la dimensión estructural– así como ingenua, crédula y demasiado confiada en reglas y disposiciones –dada sus debilidades en las dimensiones política y simbólica.

El análisis del perfil dimensional de Teresa, como en el caso de Juan, le permite –por una parte– a Teresa conocerse y buscar su fortalecimiento en las dimensiones política y simbólica; al tiempo que –por la otra– les permite a los otros miembros de su equipo irla conociendo y darse cuenta que en todo lo que se refiere al establecimiento, mantenimiento y la comprensión de estructuras y procesos así como el conocimiento de ordenamiento y normas (dimensión estructural) pueden apoyarse en Teresa, una vez que se haya ganado la *confianza* de todos.

Teresa facilitará la interacción intra-institucional oficial del grupo o equipo de trabajo con otras instancias y dependencias tanto externas como de la propia organización; facilitará el cumplimiento de reglas y normas; y documentará apropiadamente las actividades del grupo.

Ello no quiere decir tampoco que Teresa no pudiera beneficiarse con talleres de simplificación administrativa, estandarización de procesos, etc. que le permitan incrementar sus habilidades en la dimensión estructural; de igual forma que talleres de micro-política, de manejo de la ambigüedad y de la incertidumbre, de historia de su organización, así como de la creación de mitos y leyendas que den sentido a esa narrativa organizacional le ayudarían a subsanar sus carencias en las dimensiones política y simbólica.

5.3. El marco contextual

El liderazgo se da en un contexto concreto. Este contexto está definido por las variables propias del entorno, la circunstancia y el momento determinados.

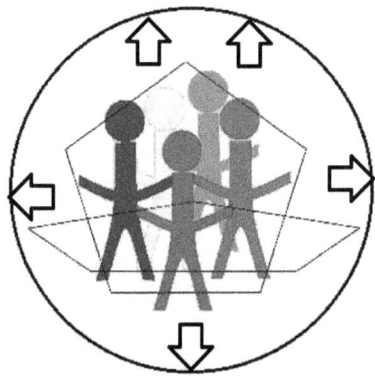

Aunque aún no se le llamara así en su momento, el contexto en el que el liderazgo se ejerce principió a entrar como variable en las teorías del liderazgo en el momento en que se reconoce, primero la existencia, y luego, la importancia de tomar en cuenta a los seguidores en relación con el líder.

Desde que se atendieron los estilos de liderazgo (Weber, 1922; Lewin, Lippit y White, 1939; Tannenbaum y Schmidt, 1958); los sistemas en que este liderazgo se ejerce (Likert, 1961, 1967) o las coordenadas en las que el estilo o el comportamiento del líder puede situarse (Fleishman, 1953; Likert, 1961, 1967; Blake y Mouton, 1964; Korman, 1966), a través de la figura de sus seguidores, principia a incorporarse el contexto como variable del liderazgo.

Su importancia como variable se magnifica cuando explícitamente forma parte, con ese nombre, de las teorías mismas –aunque no se le reconozca ni cuantifique de la misma manera.

Fiedler (1958, 1967, 1984) lo entiende como relación con la gente, la estructura de la tarea y el poder del líder.

Lawrence y Lorsch (1967), a las dos primeras, agregan la capacidad para enfrentar la ambigüedad y la incertidumbre generada por el medio ambiente que, dentro de las dimensiones organizacionales serían también –como el poder de Fiedler– variables dentro de la dimensión política.

Hersey y Blanchard (1969), en cambio, al incorporar la madurez de los seguidores como su tercera variable, añaden otra variable de la misma dimensión personal en el que ya se encontraba la variable relación líder-seguidores –con la que coinciden todos.

Reddin (1970) por su parte lo hace enfocándose en la efectividad, variable de la dimensión racional que no sólo incorpora el contexto, sino que evalúa el liderazgo en función de cuán apropiado es para un contexto dado.

Zand (1997) concibe el contexto como una triada de variables: La relación líder-seguidores (confianza); el manejo del poder; y los conocimientos del líder. La atención a los conocimientos del líder lo sitúan en la dimensión racional; y aunque el poder lo sitúa también en la dimensión política, su preocupación por el poder es totalmente diferente a la de Fiedler y a la de Lawrence y Lorsch.

Mientras que Lawrence y Lorsch se ocupan de su capacidad para enfrentar la incertidumbre y la ambigüedad y Fiedler se enfoca en el poder organizacional que pueda tener el líder; la atención del Zand se concentra en aminorar o limitar el poder del líder frente a sus seguidores.

Al concebir el liderazgo como intercambio o transacción, tanto el Liderazgo Transaccional como el Liderazgo Transformador se sitúan directamente en la dimensión política –la dimensión de las negociaciones y las transacciones.

El liderazgo transaccional, más concreto y enfocado en la satisfacción de las necesidades más básicas o necesidades deficitarias (Maslow, 1943) opera con satisfactores más materiales y palpables (dimensiones estructural y personal); el liderazgo transformador, más abstracto e inspirado en necesidades más espirituales, de desarrollo y de autorrealización (Maslow, 1970b) opera con satisfactores más trascendentes (dimensiones personal y simbólica).

Finalmente, Goleman (1998a y 1998b) al exigir mayor inteligencia emocional en el líder, profundiza la relación líder-seguidores y centraliza su importancia (dimensión personal); al tiempo que se apoya también en las habilidades técnicas (dimensión estructural) y cognitivas (dimensional racional) del líder.

Pero si, como ha dicho, el contexto está definido por las variables propias del entorno, la circunstancia y el momento determinados; habrá sido evidente cómo, en su mayor parte, el contexto contemplado por las teorías del liderazgo del siglo XX se concentraba casi exclusivamente en la circunstancia y en el momento determinados.

El marco contextual del liderazgo absoluto, por su parte, no sólo hace suyas todas esas variables de la circunstancia y del momento concretos, sino que incorpora también las variables más profundas del entorno, como son las culturas nacionales y organizacionales, así como todas las subculturas involucradas.

Dado que las variables de la circunstancia y del momento concretos son variables que pueden cambiar radical y repentinamente, no es sorprendente que hayan sido las primeras variables del contexto en ser atendidas por las teorías del siglo XX.

Sin embargo, hay variables que, aunque cambian muy lentamente –al grado de que sus cambios puedan incluso no ser percibidos en el corto plazo– tienen una influencia aún mayor en el liderazgo y su ejercicio; no sólo porque lo afectan directamente sino porque determinan la manera en que las demás variables –incluyendo las de la circunstancia y del momento concretos– se detectan, se analizan y se confrontan.

Se trata, precisamente, de la cultura. La cultura es la *"manera particular y diferenciada de un conjunto de personas para ver, comprender y actuar, tanto en relación al mundo en el que individual y colectivamente están inmersas, como en relación a sí mismas, en tanto individuos y en tanto colectividad* (Ortega, 2016:17).

(Adaptado de Ortega, 2016)

Al hablar de cultura, nos referimos tanto a la(s) cultura(s) nacional(es) en la(s) que opera la organización, como a la cultura organizacional –la cultura propia desarrollada por cada organización– y a las subculturas que forman parte de ella (subculturas por regiones, por niveles jerárquicos, por funciones, por profesión, grupo de edad o género dominante, etc.) (Ortega, 2016).

Cada uno de esos niveles de cultura (nacional organizacional, grupal) y de subcultura (regional, profesional, etc.) posee su propio perfil dimensional distintivo.

El perfil dimensional de la cultura nacional es determinante no sólo para el perfil particular de cada cultura organizacional sino, igualmente, para los perfiles dimensionales de las personas que se han formado compartiendo esa nacionalidad –y, por lo tanto, esa cultura.

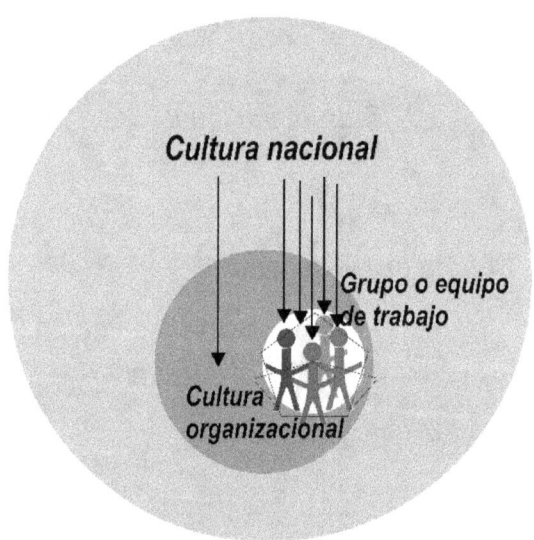

Así, la cultura nacional –sus valores, premisas, supuestos y comportamientos aceptados– afecta el ejercicio del liderazgo no sólo a nivel macro de la organización como un todo, sino también a nivel micro, al nivel de cada una de las personas involucradas en el grupo o equipo de trabajo, sean líderes o seguidores. Es decir, la cultura nacional se hace presente en el ejercicio del liderazgo tanto a través de la cultura de la organización en la que se opera, como a través de cada uno de los miembros del equipo, líderes y seguidores.

Las culturas y subculturas en las que se da el liderazgo son tan importantes para su ejercicio que, en muchos casos, líderes y equipos de trabajo exitosos dejan radical y sorpresivamente de serlo cuando se les transfiere de país –en organizacionales multinacionales– por tener que operar en una diferente cultura nacional; cuando se les promueve y tienen que operar en una diferente subcultura jerárquica; cuando tienen que operar en otras áreas de la propia organización –y en una subcultura regional o profesional diferente; etc.

Aunque existen muchas tipologías que clasifican las culturas organizacionales y las sitúan en algún punto de un casillero cultural; existen dos descriptores culturales que, por un parte no se limitan sólo a las culturas organizacionales, sino que además de incluir las culturas nacionales, permiten estudiarlas en todas sus variantes y diferencias (Ortega, 2016).

Se trata de los *Índices de una cultura* (Hofstede, 1980a) y de las *Dimensiones organizacionales* (Ortega, 1982, 2015a). En ambos casos, las culturas tanto nacionales como organizacionales pueden analizarse a partir de sus valores, premisas y supuestos y de los comportamientos que alientan, impiden o desalientan.

Las *Dimensiones organizacionales* abordan una cultura o subcultura a partir de su perfil dimensional propio –constituido de la misma manera que los perfiles dimensionales personales; los explora a nivel operante [comportamientos observables] y postulante [lo que se afirma y teoriza]; analiza la congruencia entre ambos niveles; y la consistencia interna de cada uno de ellos (Ortega, 2016:45).

Así, hay culturas que se dicen muy participativas [nivel postulante] pero que al observarlas, se conducen de manera muy autoritaria [nivel operante]; culturas que se asumen como fuertemente racionales pero cuyas conductas son altamente políticas; etc.

Todas estas variables (perfil dimensional a nivel operante y postulante; y grados de congruencia y consistencia) son determinantes para el ejercicio del liderazgo: Por ejemplo, un líder que se percibe a sí mismo como muy participativo pero en realidad se comporta de manera muy autoritaria puede ser más difícil de apoyar [y de desarrollar] que otro, igualmente autoritario pero sin esa auto-imagen de participativo.

Hay culturas más respetuosas que otras [dimensiones personal-simbólica-estructural] y ese respeto puede afectar la franqueza en la comunicación [dimensión racional] o aparecer –para personas de otras culturas– como debilidad [dimensión política].

Perfil dimensional para México	
Cultura operante	*Política-personal-simbólica-racional-estructural*
Cultura postulante	*Estructural-racional-simbólica-personal-política*
Grado de Congruencia	*Alto grado de incongruencia entre lo que se hace (cultura operante) y se dice o se conceptualiza y sostiene (cultura postulante)*
Grado de Consistencia interna	*Tanto la cultura operante como la postulante parecen exhibir un alto grado de consistencia interna*

(Adaptado de Ortega, 2015b)

Todo ello evidentemente afecta el contexto en el que se ejerce el liderazgo y es especialmente relevante en organizaciones multinacionales

–que suelen operar como si la cultura de su país de origen, sus valores y sus comportamientos, fueran compartidos por todos.

El perfil dimensional de la cultura mexicana, por ejemplo, parecería exhibir un muy alto grado de incongruencia entre los comportamientos observables [cultura operante] y lo que se sostiene verbalmente como la manera de ser y creer [cultura postulante].

Por otra parte, tanto la cultura operante como la postulante exhiben un mayor grado de consistencia interna: los valores, las premisas y las prácticas de las tres dimensiones centrales en cada una –con algunas excepciones– se integran y fortalecen mutuamente.

La cultura operante [los comportamientos observables; los hechos] parecería exhibir una amplísima utilización del poder que en cada caso se tiene [dimensión política], buscando maximizar la ventaja personal, sin más márgenes o limitaciones que lo que la propia voluntad decida [dimensión personal] y la seguridad de que se pueda 'librarla' sin mayores consecuencias [dimensión política]; pero sin afectar la auto-imagen ni la imagen personal que esa persona suponga tener en los grupos sociales que le son relevantes [dimensión simbólica].

Más allá de la maximización de la ventaja personal, tanto la racionalidad como el orden y la certidumbre en los comportamientos [dimensiones racional y estructural] estarían ausentes; y a menos que esos comportamientos se vean desde las dimensiones política y personal, parecerían caóticos [dimensiones racional y estructural].

En determinadas circunstancias esta cultura operante puede ser exageradamente respetuosa [dimensiones personal, simbólica y estructural], especialmente con personas en posiciones y en situaciones de poder [dimensión política] o con personas mayores relevantes para esa persona [dimensiones personal y simbólica].

La cultura postulante [lo que se afirma ser el principio rector de las conductas; las palabras], en cambio, exige cada vez más, normas y leyes para regular y hacer predecibles las conductas y la convivencia humana [dimensión estructural]; se fijan objetivos, medios y resultados esperados [dimensión racional] y se fortalece una auto-imagen de un ser respetuoso de normas y de leyes [dimensión simbólica].

La propia persona, sus deseos y sus intereses, pasan a un verbalizado segundo lugar [dimensión personal] y se rechaza abiertamente la injerencia del poder hasta en la vida política del país, para no hablar de los grupos sociales o de la propia familia [dimensión política] (Ortega, 2015b).

Por su parte, los *Índices de una cultura* de Hofstede son cuatro: distancia del poder, rechazo a la incertidumbre, individualismo y masculinidad. (Hofstede, 1980a y 1980b), y sus valores específicos permiten, en cada caso, identificar y separar culturas organizacionales y nacionales.

La *distancia del poder* se refiere al grado en el que una cultura ve las desigualdades de poder –sociales y organizacionales– como fijas, naturales y aceptables.

El *rechazo a la incertidumbre* se refiere a la dificultad de una cultura para operar en condiciones de ambigüedad e incertidumbre; de tolerancia y relativismo; y a una necesidad de absolutos; de certeza y consistencia; y de normas claras y fijas para actuar

El *individualismo* se refiere a cuál considera una cultura como la célula o unidad social básica. Si es el individuo, el grupo o la colectividad y cómo se interrelacionan entre sí. En ese sentido, las culturas podrían situarse en cualquier lugar de un continuo en cuyos extremos se encuentre el individuo o la colectividad.

Y, finalmente, la *masculinidad* se refiere, por una parte, a cuán precisos e inflexibles se han establecido los roles sociales; cuánto se han petrificado; y al grado de rigidez en su definición; y por la otra, a los valores supuestamente representados por esos roles (*masculinidad/feminidad*). (Hofstede, 1980a).

Los estudios de Hofstede han sido de los más amplios en este campo al incluir a más de 116,000 personas en 40 países y ofrecer una de las primeras bases empíricas que sustenten las diferencias y semejanzas culturales de esos 40 países (Hofstede, 1980b:44).

Los *índices* para México son de 81 en distancia del poder; 82 en rechazo a la incertidumbre; 30 en individualismo; y 69 en masculinidad.

Es decir, estos *índices* indicarían que la cultura mexicana tiene un altísimo rechazo a la incertidumbre y una gran distancia del poder; un individualismo bajo, más inclinado hacia la colectividad o el grupo social que al individuo aislado; y un grado considerable de masculinidad, con roles fijos y marcados en todos los ámbitos de la vida –personal, organizacional y social. (Hofstede, 1980a y 1980b).

Índices de Hofstede para México			
Distancia del poder	*Rechazo a la incertidumbre*	*Individualismo*	*Masculinidad*
81	82	30	69

"Estos dos descriptores de una cultura no sólo no se contraponen, sino que coinciden ampliamente" (Ortega, 2015b:99). Sin embargo, mientras que los *índices* pueden fácilmente insertarse como variables de algunas de las *dimensiones*; las *dimensiones*, por el contrario, no pueden subsumirse en los *índices*.

Adicionalmente, puede decirse que el hecho que Hofstede no distinga entre comportamiento real y comportamiento verbal o cultura operante y cultura postulante, podría conducir a equívocos: a nivel postulante, por ejemplo, el mexicano rechaza la incertidumbre que a nivel operante sus propios comportamientos generan.

Por otra parte, al no establecer la diferencia entre una y otra, no se incorpora la incredulidad o el cinismo con el que la cultura mexicana recibe muchos de los pronunciamientos oficiales (organizacionales y gubernamentales) de buenas intenciones. En el momento en que los oye, sabe que no se van a cumplir ni existe la menor intención o voluntad política de que se cumplan (Ortega, 2015b).

Analizando en suma la incidencia potencial de algunos de estos rasgos culturales en el ejercicio del liderazgo, habría que atender, por una parte, los pronunciamientos de la organización o del líder que pueden ser recibidos simplemente como lugares comunes que deben repetirse sin nunca ejecutarse.

También, precisamente por ser compartida, la cultura podría fortalecer la tentación a un liderazgo autoritario porque parecerían esperarlo tanto líderes como seguidores.

En culturas con una gran distancia del poder, Hofstede ha encontrado que las personas tienden a preferir que las decisiones se centralicen al nivel jerárquico más alto posible; y que cuando hay un gran rechazo a la incertidumbre existe una preferencia marcada por la formalización de reglas y la asignación clara de tareas (1980b:60).

Asimismo, ha encontrado que cuando el líder –por su propia cultura– posee una distancia del poder mayor al de la cultura de sus seguidores, el ejercicio del liderazgo se le vuelve más problemático (1980b:57).

Adicionalmente, por la centralidad de la dimensión política en la cultura operante, el liderazgo podría esperar una negociación continua y no siempre explícita, por parte de sus seguidores, de sus propios comportamientos y de sus compromisos tanto con el líder y los demás seguidores, como con los objetivos y metas grupales.

También, en los talleres para el desarrollo del grupo o equipo de trabajo será importante distinguir entre la comunicación franca y honesta y la cultura del respeto para evitar la autocensura por parte de los seguidores; así como fomentar el reconocimiento de las propias aptitudes y capacidades en contraposición con la falsa modestia.

En suma, no sólo la circunstancia y el momento específicos inciden radicalmente en el ejercicio del liderazgo, sino que la propia cultura organizacional y nacional, así como las subculturas involucradas, lo afectan tanto o más, no sólo por su propia incidencia directa sino por ser determinantes para la visión, la comprensión y la respuesta a esa circunstancia y a ese momento mismos.

5.4. El marco distributivo

El marco distributivo no sólo valora e incorpora la contribución de cada uno de los miembros del equipo de trabajo, sino que reconoce que cada uno de ellos es su líder potencial –potencia que se convierte en acto cuando las demandas del contexto y las necesidades del grupo coincidan con lo que su perfil particular específico puede ofrecer y lo convierta, precisamente, en quien ejerza el liderazgo.

El marco distributivo se enfoca en la realidad de que es imposible que una misma persona, un mismo líder, posea todos los atributos y todas las habilidades que todos los entornos, todas las circunstancias y todos los momentos puedan demandar.

Así, este marco sostiene que, dependiendo de las demandas de un contexto eminentemente cambiante, el liderazgo debe ser ejercido por aquel miembro del grupo o equipo de trabajo que posea el perfil dimensional requerido en ese momento; y que, al cambiar esas demandas, el liderazgo debe ser nuevamente transferido –de la misma manera y cumpliendo con los mismos requisitos– al miembro cuyo perfil responda al nuevo momento.

Y aunque ésta podría aparecer como una propuesta radical, es indispensable señalar, por una parte, que en los grupos o equipos de trabajo exitoso, a nivel de *cultura operante* esto ya ha se venido haciendo tan natural como automáticamente –pero sin tocar, a nivel de *cultura postulante* ni el aspecto estructural-simbólico de despojar del título de líder al líder previo, generalmente asociado también con quien tiene el nivel jerárquico más alto; ni de analizar y conceptualizarlo teóricamente; y, menos aún, sin estarlo voceando cada vez que ocurre.

Por otra parte, como esta transferencia del liderazgo responde a las necesidades y demandas cambiantes del contexto, debe ser evidente que en entornos estables y predecibles estos cambios ocurrirán –si acaso– con mucha menor frecuencia que en grupos o equipos de trabajo operando en ambientes altamente dinámicos e imprevisibles.

En ese sentido, los tipos de medio ambiente caracterizados por Lawrence y Lorsch (1967) –especialmente si en vez de los tres estadios propuestos por ellos, se le viera como un continuo– ejemplifican claramente los diferentes tipos de líderes que en cada uno de los momentos requeriría el ejercicio efectivo del liderazgo.

Lawrence y Lorsch, sin embargo, lo analizan desde una perspectiva puramente estructural: la selección y el nombramiento jerárquico de quien se contrata para ese puesto y los atributos requeridos, contemplando cada uno de esos tres entornos como fijos.

La realidad nos muestra, en cambio, que los entornos nunca han sido ni serán fijos. Podrán variar con mayor o menor celeridad y esas variaciones podrán ser más o menos radicales; pero habrán de variar y esas variaciones implicarán siempre demandas diferentes para el ejercicio del liderazgo.

Es evidente que estás dinámicas exigen por una parte separar la figura del líder de la figura del jefe o superior jerárquico; y por la otra, desarrollar los mecanismos para que el liderazgo se transfiera y se ejerza con el mismo dinamismo que presenta ese contexto que debe enfrentarse.

De no separarse ambas figuras –líder y jefe– sería excepcionalmente caótico y extraordinariamente lento, desde el punto de vista organizacional; y posiblemente ilegal, desde el punto de vista laboral, que se tratara de destituir en cada uno de esos momentos al líder previo para nombrar a un nuevo líder con los atributos precisos para esas demandas cambiantes.

Adicionalmente, si esos mecanismos de transferencia del liderazgo se operaran desde el poder central de la organización, adolecerían de esa misma lentitud y –en la medida de su lejanía de la trinchera en la que están sucediendo los hechos– podrían no ser los adecuados o necesarios; o llegar demasiado tarde.

Es decir, mientras que el mecanismo global de transferencia puede ser aprobado por todas las instancias organizacionales, su *operación, ejecución o puesta en marcha* debe recaer en el grupo o equipo de trabajo mismo; y no como un nombramiento sino como una función grupal que se transfiere de acuerdo a las necesidades del momento.

El marco distributivo se apoya en los tres marcos discutidos previamente. Para que esta transferencia tenga la efectividad y la rapidez que se busca, es indispensable que los marcos dimensional, relacional y contextual se estén igualmente atendiendo.

El marco dimensional permite identificar y reconocer los perfiles dimensionales tanto de los miembros del equipo como del problema y del contexto, incluyendo los perfiles de las subculturas y de las culturas organizacionales y nacionales intervinientes.

El marco relacional, gracias a la comunicación permitida por la confianza y el respeto y apoyándose en el conocimiento que se tiene de los colegas en el grupo o equipo de trabajo, hace posible que el equipo como un todo, con la precisión y la rapidez necesarias identifique a aquél de entre ellos que deba ejercer en ese momento el liderazgo.

El marco contextual le permite al grupo o equipo de trabajo leer con claridad las demandas cambiantes del entorno, de la circunstancia y del momento, para responder con la celeridad, precisión y efectividad necesarias.

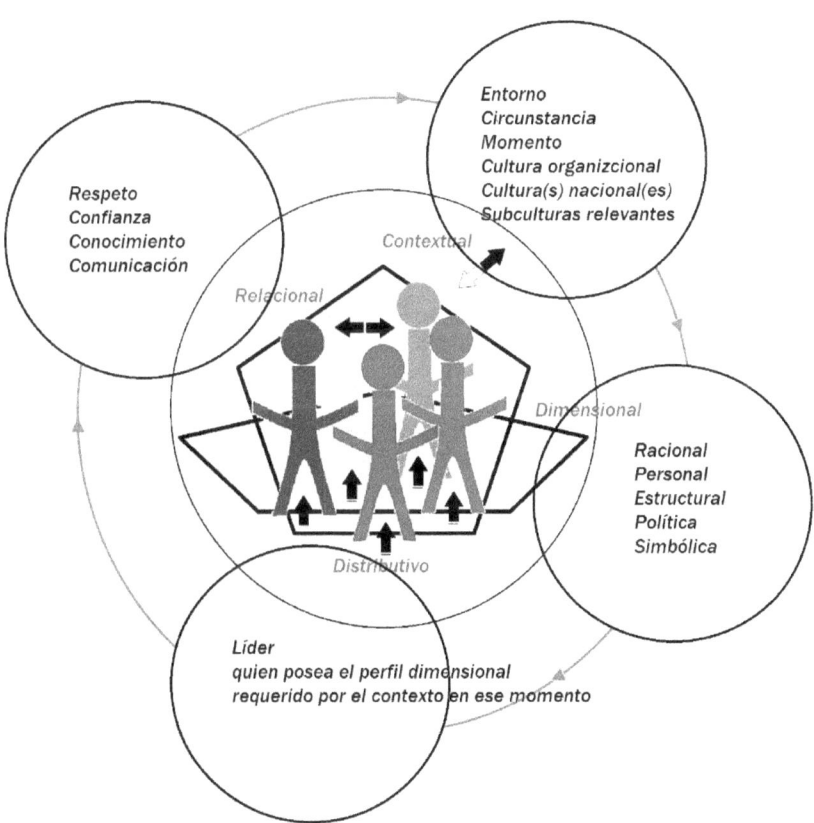

En suma, el liderazgo absoluto comprende cuatro marcos y tres actores: Los marcos dimensional, relacional, contextual y distributivo; los actores: el líder, el grupo o equipo de trabajo constituido por sus seguidores; y la situación o problema al que en cada momento se enfrentan.

Así, el liderazgo absoluto:

1. Se da en un marco dimensional en el que las cinco dimensiones (racional, personal, estructural, política y simbólica) están siempre presentes y siempre interactuando.

2. Nace de una relación entre dos o más personas, un líder y su(s) seguidor(es) constituidos en una unidad o base grupal o equipo de trabajo.

3. Se ejerce en un contexto –enfocado, comprendido y confrontado desde el propio perfil dimensional de cada uno de los miembros del grupo, la cultura grupal, la cultura organizacional y la(s) cultura(s) nacional(es) involucradas– en el que cada situación o problema presenta características diferentes, determinadas por su propio perfil dimensional.

4. Se ejerce por uno o varios líderes que surgen dependiendo de las demandas cambiantes del contexto según los propios perfiles personales –por lo que es una función potencialmente transitoria y transferible a quien en cada momento presente el perfil que exhiba una mayor correspondencia con esas demandas.

Ante cada situación o problema, toma el liderazgo el miembro del grupo o equipo de trabajo:

1. Cuyo perfil dimensional concuerde con el perfil requerido para enfrentar la situación o el problema.

2. Con habilidades tanto de lectura como de respuesta del contexto y del momento que enfrenta.

3. Con habilidades de lectura de fortalezas y habilidades propias y ajenas –es decir, de los demás miembros del grupo o equipo de trabajo.

4. Con habilidades tanto para el reconocimiento del grado de madurez del grupo como para su manejo efectivo.

5. Con la flexibilidad necesaria para el manejo del poder y para convertirse en un seguidor efectivo cuando el contexto cambiante requiera una transferencia del liderazgo.

El grupo o equipo de trabajo, por su parte, contribuye al ejercicio del liderazgo con:

1. El conocimiento del perfil personal de cada miembro y del perfil cultural del propio grupo.

2. El reconocimiento y la utilización flexible de las fortalezas y las habilidades de cada uno de sus miembros.

3. Su capacidad de lectura/respuesta a las características distintivas de cada situación o problema.

4. Su capacidad para identificar y apoyar al miembro que en ese momento deba ejercer el liderazgo.

5. Su flexibilidad para la reorganización de sus relaciones y roles internos en función de las necesidades del líder y de las demandas de la situación o problema.

6. Su capacidad de operación efectiva con líderes diferentes y para adaptarse automáticamente a sus estilos respectivos.

7. Sus habilidades individuales para ser tanto un líder como un seguidor efectivo.

Marcos y actores del liderazgo absoluto

Marcos: / Actores:	1. Dimensional	2. Relacional	3. Contextual	4. Distributivo
	El liderazgo se da en un marco dimensional en el que las cinco dimensiones siempre están presentes e interactuando.	El liderazgo nace de una relación entre dos personas o más, líder y seguidor(es) en una unidad o base grupal.	El liderazgo se da en un marco contextual en el que cada situación o problema presenta características diferentes.	Dependiendo de los marcos dimensional, relacional y contextual pueden surgir distintos líderes en el grupo
I. Líder	Perfil personal	Habilidades de relación Habilidades de lectura de fortalezas y habilidades propias y ajenas Reconocimiento y adecuación al grado de madurez grupal	Capacidad de lectura/respuesta a características particulares de cada problema o situación Afinidad dimensional con demandas del contexto	Conocimiento de la estructura de relaciones del grupo o equipo de trabajo Manejo del poder Flexibilidad Habilidades de seguidor
II. Grupo o equipo de trabajo	Perfil personal de cada miembro y perfil cultural del grupo	Reconocimiento y utilización flexible de fortalezas y habilidades de cada miembro. Desarrollo de habilidades de líder y de seguidor	Capacidad de lectura/respuesta a características distintivas de cada situación o problema. Capacidad para identificar y apoyar al líder	Utilización de las habilidades de líder o de seguidor que correspondan Capacidad de operación efectiva con líderes diferentes.
III. Circunstancia Momento	Perfil de problema o situación y del momento	Reorganización automática de relaciones y roles internos en función de situación o problema.	Continuamente cambiante Afinidad dimensional con líder o líderes potenciales	Correspondencia de perfiles del líder, grupo y situación o problema

Finalmente, la circunstancia y el momento plantean demandas al grupo de trabajo y a su líder, quienes los confrontan

1. De acuerdo con el perfil del problema o situación y el momento [por ejemplo, un problema de falta de recursos (dimensión racional) no se resuelve sólo con buena voluntad (dimensión personal)].

2. Con una reorganización automática de relaciones y role internos y, potencialmente, con un nuevo líder.

3. Con la afinidad dimensional en el perfil del líder, es decir, escogiendo a la persona del grupo que posee el perfil adecuado y los recursos personales y organizacionales para hacerle frente a la situación o problema.

4. Con flexibilidad total, al reconocer la naturaleza continuamente cambiante de situaciones y problemas.

Como se ha dicho, debe reconocerse que la relación entre los miembros del grupo y el desarrollo de cada uno, tanto a nivel personal como en función del equipo de trabajo constituye la base que hace posible todo ejercicio del liderazgo.

Además de los atributos personales de su perfil, el superior jerárquico contribuye directamente al ejercicio del liderazgo –aún en los momentos en que el liderazgo lo esté ejerciendo otro de los miembros del grupo o equipo de trabajo– utilizando el poder legítimo que le confiere el puesto para proteger políticamente no sólo al grupo sino a quien, en cada momento, esté ejerciendo el liderazgo.

Esa protección se refiere tanto a proteger al líder del resto de la organización como un todo, como internamente, al protegerlo de sí mismo [evitando operar como jefe] y de los demás seguidores del momento.

En el ejercicio del liderazgo actual, sus comportamientos observables [nivel operante] se acercan más a las propuestas del liderazgo absoluto aquí planteadas, que las concepciones y posturas teóricas [nivel postulante] de muchas culturas organizacionales y de muchos de sus miembros, líderes y seguidores.

Como se ejemplifica en la introducción, a nivel conceptual, los cuatro marcos propuestos no son igualmente aceptados –aún en los casos en que a nivel conductual puedan claramente observarse algunos postulados de esos marcos en los comportamientos cotidianos.

Esto es especialmente cierto respecto al marco distributivo en el que el concepto mismo de distributivo tiende a rechazarse a nivel postulante por las mismas personas [especialmente aquéllas en posiciones de autoridad organizacional] que lo aplican automática y habitualmente sin reparar conceptualmente en ello.

Y aunque en esos comportamientos se han incorporado algunos de los postulados del marco contextual, esto no siempre sucede con los aspectos culturales, tanto con referencia a la cultura y subculturas organizacionales, como a las culturas nacionales. Y "un hecho crucial del liderazgo en cualquier cultura es que tiene que operar en concierto con el '*seguidazgo*'" (Hofstede, 1980b:57), es decir que líderes y seguidores tienen que compartir los valores, premisas, supuestos y comportamientos fundamentales de una misma cultura.

Significativamente, la atención a las diferentes culturas nacionales se vuelve cada vez más relevantes ahora que se incrementa el número de organizaciones mexicanas que se han extendido más allá de nuestras fronteras. Y lo mismo sigue siendo cierto para organizaciones extranjeras operando en suelo y con personal mexicanos.

La incorporación plena del marco dimensional se ha dificultado igualmente debido a uno de los supuestos generalizados –falso pero ampliamente compartido– tanto por parte de administradores como de usuarios y público en general, de que las organizaciones operan siempre con un propósito claro, lógico y racional, apegadas a normas estrictas en donde los aspectos humanos, políticos y simbólicos no tienen cabida.

De los cuatro marcos, el marco relacional, en cambio, ha sido el que se ha ido incorporando con relativamente mayor facilidad y empuje en las organizaciones –especial y paulatinamente a partir de los años setenta del siglo pasado, alentado por el auge del Desarrollo Organizacional. Ello no quiere decir que los valores, premisas, supuestos y comportamientos de la dimensión personal, en su totalidad, se hayan vuelto parte de la cultura operante de las organizaciones y menos aún, si se toman en cuenta las repercusiones de las otras cuatro dimensiones sobre la dimensión personal y sus interacciones con ésta.

Con todo, a *nivel operante* [lo que verdaderamente se hace], el liderazgo actual está menos alejado del liderazgo absoluto que a *nivel postulante* [lo que se dice y se conceptualiza], precisamente porque los preceptos aprendidos por las personas claves en las organizaciones siguen siendo los preceptos del siglo pasado.

Bibliografía

Allport, Gordon W. 1937. **Personality: A Psychological Interpretation**. Nueva York: Holt, Rinehart, & Winston.

Argyris, Chris y Donald A. Schön. 1974. **Theory in Practice: Increasing Professional Effectiveness.** San Francisco: Jossey-Bass.

Aristóteles. 1973. *Política.* **Obras.** Madrid: Aguilar (págs. 1403-1567).

Bass, Bernard M. 1985. **Leadership and performance beyond expectations.** Nueva York: Free Press.

Bass, Bernard M. 1995. "Theory of transformational leadership redux". **Leadership Quarterly**, 6: 463–478.

Bennis, Warren. 1989. **Why Leaders Can't Lead.** San Francisco: Jossey-Bass.

Bennis, Warren. 1998. "It Ain't What You Know". **The New York Times Book Review** CIII, 43 (octubre, 25):50.

Bennis, Warren y Burt Nanus. 1985. **Leaders. The Strategies for Taking Charge.** Nueva York: Harper & Row.

Bennis, Warren G., and Robert M. Townsend. 1995. **Reinventing leadership**. Nueva York: Collins Business Essential.

Blake, Robert R. y Jane S. Mouton. 1964. **The Managerial Grid.** Houston: Gulf Publishing.

Bolman, Lee G. and Terrence Deal. 1984. **Modern Approaches to Understanding and Managing Organizations.** San Francisco: Jossey-Bass.

Bowden, A. O. 1926. "A study of the personality of student leaders in the United States". **Journal of Abnormal and Social Psychology**, 21, 149–160.

Burns, James M. 1978. **Leadership**. Nueva York: Harper & Row.

Burrell, Gibson y Gareth Morgan. 1979. **Sociological Paradigms And Organisational Analysis.** Londres: Heinemann.

Carlyle, Thomas. 1841. **On Heroes, Hero-Worship and the Heroic in History.** Nueva York: Appleton.

Cattell, Raymond B. 1950. **Personality a Systematic Theoretical and Factual Study**. Nueva York: McGraw Hill.

Confucio. 1998. **The Analects.** Londres: Penguin Classics.

Cooper, Robert K. y Ayman Sawaf. 1997. **Executive EQ. Emotional Intelligence in Leadership and Organizations.** Nueva York: Perigree.

Cowley, William H. 1928. "Three distinctions in the study of leaders." **Journal of Abnormal and Social Psychology**, 23 (2), (julio) 144-157.

Dahl, Robert A. 1957. "The Concept of Power" **Behavioral Science**, 2, 3 (julio):201-215.

Deal, Terrence E. y Kent D. Peterson. 1994. **The Leadership Paradox.** San Francisco: Jossey-Bass.

Deal, Terrence E. y Kent D. Peterson. 1999. **Shaping School Culture: The Heart of Leadership.** San Francisco: Jossey-Bass.

Drucker, Peter. 1999."Managing Oneself" **Harvard Business Review** 77, 2 (marzo-abril):65-74.

DuBrin, Andrew J. 1995. **Leadership: Research findings, practice, skills.** Boston: Houghton Mifflan.

Etzioni, Amitai. 1964. **Modern Organizations.** Englewood Cliffs, N.J.: Prentice-Hall.

Fiedler, Fred E. 1958. **Leader Attitudes and Group Effectiveness.** Urbana: University of Illinois Press.

Fiedler, Fred E. 1967. **A Theory of Leadership Effectiveness.** Nueva York: McGraw-Hill.

Fiedler, Fred E. 1971. **Leadership.** Morristown, NJ: General Learning.

Fiedler, Fred E. 1972. "How do you make leaders more effective? New answers to an old puzzle" **Organizational Dynamics**, (otoño):3-18.

Fiedler, Fred E. y Martin M. Chamers. 1984. **Improving Leadership Effectiveness.** Nueva York: Wiley.

Fleishman, Edwin A. 1953. "Leadership Climate, Human Relations Training, and Supervisory Behavior." **Personnel Psychology** 6, 2 (junio): 205-22.

French, John. R. P. and Bertram Raven. 1959. "The bases of social power." En D. Cartwright and A. Zander. **Group dynamics**. Nueva York: Harper & Row.

Gardner, Howard. 1983. **Frames of Mind. The Theory of Multiple Intelligences.** Nueva York: Basic Books.

Gardner, Howard. 1993. **Multiple Intelligences. The Theory in Practice.** Nueva York: Basic Books.

Goleman, Daniel. 1998a. "What Makes a Leader?" **Harvard Business Review** 76, 6 (noviembre-diciembre):93-102.

Goleman, Daniel. 1998b. **Working With Emotional Intelligence.** Nueva York: Bantam.

Goleman, Daniel. 1999. ¿Usted es un líder? ¿Utiliza la inteligencia emocional?" **Expansión XXX,** 759, (febrero 17):67-73.

Gronn, Peter. 1999. **Systems of Distributed Leadership.** Trabajo presentado al grupo de Teoría Organizacional en la Convención Anual de la **American Educational Research Association.** *On the Threshold of the 21st Century: Challenges & Opportunities* Montreal, Canada: Abril 19-23.

Hackman, Michael Z. y Craig E. Johnson. 1991. **Leadership. A Communication Perspective.** Prospect Heights: Waveland Press.

Hersey, Paul y Kenneth Blanchard. 1969. "Life cycle theory of leadership." **Training & Development Journal,** 23(5), 26.

Hersey, Paul y Kenneth Blanchard. 1988. **Management of Organizational Behavior.** Englewood Cliffs, NJ: Prentice Hall.

Herzberg, Frederick. 1964. "The Motivation-Hygiene Concept and Problems of Manpower." **Personnel Administrator** (27): 3-7.

Hesselbein, Frances; Marshal Goldsmith y Richard Beckhard (Compiladores). 1996. **The Leader of the Future. New Visions, Strategies, and Practices for the Next Era.** San Francisco: Jossey-Bass.

Hofstede, Geert. 1980a. **Culture's Consequences.** Beverly Hill: Sage.

Hofstede, Geert. 1980b. "Motivation, Leadership and Organization: Do American Theories Apply Abroad? **Organizational Dynamics.** Summer 1980. págs 42-63.

House, Robert J. 1971. "A path-goal theory of leader effectiveness". **Administrative Science Quarterly**, 16: 321–338.

Hunt, James G. 1991. **Leadership. A New Synthesis.** Newbury Park CA: Sage.

Hutchins, Edwin. 1996. **Cognition in the Wild.** Cambridge, MA: MIT Press.

Judge, Timothy A; Joyce E. Bono; Remus Ilies; y Megan W. Gerhardt. 2002. "Personality and leadership: A qualitative and quantitative review." **Journal of Applied Psychology**, 87 (4): 765-780.

Judge, Timothy A. y Ronald F. Piccolo. 2004. "Transformational and Transactional Leadership: A Meta-Analytic Test of Their Relative Validity". **Journal of Applied Psychology**, 89 (5): 755–768.

Kirkpatrick, Shelley A. y Edwin A. Locke, E.A. 1991. "Leadership: Do Traits Matter?" **Academy of Management Executive**, 5: 48-60.

Kohs, Samuel C. y K.W. Irle. 1920. "Prophesying army promotion". **Journal of Applied Psychology**, 4: 73–87

Korman, Abraham K. 1966. ." 'Consideration', 'Initiating Structure', and Organizational Criteria –A Review". **Personnel Psychology** 19, 4 (diciembre): 349-361.

Kuhn, Thomas S. 1970. **The Structure of Scientific Revolutions.** Second Edition. Chicago: The University of Chicago Press.

Lawrence, Paul R. y Jay W. Lorsch. 1967. **Organization and Environment. Managing Differentiation and Integration.** Boston: Harvard Business School.

Levinson, Harry. 1968. **The Exceptional Executive: A Psychological Conception.** Cambridge, MA.: Harvard University Press.

Lewin, Kurt; Ronald Lippit y Robert K. White. 1939."Patterns of Agressive Behavior in Experimentally Created Social Climates" **Journal of Social Psychology**, 10(1939): 271-299.

Likert, Rensis L. 1961. **New Patterns of Management.** Nueva York: McGraw-Hill.

Likert, Rensis L. 1967. **The Human Organization: Its Management and Value.** Nueva York: McGraw-Hill

Lunenburg, Fred C. y Allan C. Ornstein. 1991. **Educational Administration. Concepts and Practices.** Belmont, CA: Wadsworth.

Machiavelli, Niccolò. 1513/1961. **Il Principe.** Torino: Einaudi.

Mann, Richard D. 1959. "A review of the relationships between personality and performance in small groups." **Psychological Bulletin**, 56: 241–270.

Maslow, Abraham H. 1943. "A Theory of Human Motivation". **Psychological Review**, 50(4): 370-96.

Maslow, Abraham H. 1954. **Motivation and Personality.** Nueva York: Harper & Row.

Maslow, Abraham H. 1970a. **Motivation and Personality.** New York: Harper & Row.

Maslow, Abraham H. 1970b. **Religions, Values, and Peak Experiences.** Nueva York: Penguin

Mayo, Elton. 1933. **The Human Problems of an Industrial Civilization.** New York: Macmillan.

McGregor, Douglas. 1960. **The Human Side of Enterprise.** Nueva York: McGraw-Hill

Mintzberg, Henry. 1979. **The Structuring of Organizations.** Englewood Cliffs, N:J: Prentice-Hall

Mintzberg, Henry. 1983. **Structure in Fives. Designing Effective Organizations.** Englewood Cliffs, N.J: Prentice Hall

Mintzberg, Henry. 1998. "Covert Leadership: Notes on Managing Professionals" **Harvard Business Review** 76, 6 (noviembre-diciembre):140-147.

Moulton, Harper W. y Arthur A. Fickel. 1993. **Executive Development. Preparing for the 21st Century.** Nueva York: Oxford University.

Nelson-Jones, Richard. 1992. **Group Leadership. A Training Approach.** Pacific Grove, CA: Brooks/Cole.

Ortega, Mariano. 1982. "Dimensiones organizacionales. Hacia una comprensión del comportamiento organizacional." **Bases para la administración en instituciones educativas**, págs.16-54. Querétaro: Ciidet.

Ortega, Mariano. 1997. **Liderazgo dimensional: Un enfoque integral del liderazgo efectivo.** Querétaro: Cedesa.

Ortega, Mariano. 2015a. **Dimensiones del comportamiento y la cultura organizacionales.** Querétaro: Fomeq.

Ortega, Mariano. 2015b. **El otro en el espejo. Una visión personal del mexicano.** Querétaro: Fomeq.

Ortega, Mariano. 2016. **La cultura organizacional.** Querétaro: Fomeq.

Ortega, Mariano. 2017. **To Be or Not To Be: A Map of Human Behavior.** Querétaro: Fomeq.

Pascal, Blaise. 1670/1965. *Pensées.*. Paris: Librairie Larousse.

Pfeffer, Jeffrey. 1994. **Managing With Power.** Cambridge, MA: Harvard Business School Press.

Platón. 1963. **La república.** México: Universidad Autónoma de México.

Reddin, William J. 1970. **Managerial Effectiveness.** Nueva York: McGraw-Hill.

Rosenbach, William E. y Robert L. Taylor (Compiladores). 1993. **Contemporary Issues in Leadership.** Boulder, CO: Westview Press.

Rost, Joseph C. 1991. **Leadership for the Twenty-First Century.** New York: Praeger

Schein, Edgar H. 1985. **Organizational Culture and Leadership.** San Francisco: Jossey-Bass.

Selznick, Philip. 1985. **Leadership in Administration.** Nueva York: Harper & Row.

Sims, Henry P. Jr. y Peter Lorenzi. 1992. **The New Leadership Paradigm. Social Learning and Cognition in Organizations.** Nueva York: Harper & Row.

Starratt, Robert. 1993. **The Drama of Leadership.** Londres: Falmer Press.

Stogdill, Ralph M. 1948. "Personal factors associated with leadership: A survey of the literature". **Journal of Psychology**, 25, 35–71.

Stogdill, Ralph M. 1950. "Leadership, membership and organization". **Psychological Bulletin**, 47, 1–14.

Stogdill, Ralph M. 1974. **Handbook of Leadership: A Survey of Theory and Research**. New York: The Free Press.

Sun-tzu. 2013. **El arte de la guerra.** Málaga: Hojas de luz.

Tannenbaum, Robert y Warren H. Schmidt. 1958. "How to Choose a Leadership Pattern" **Harvard Business Review**, 36 (marzo-abril): 95-101.

Tannenbaum, Robert y Warren H. Schmidt. 1973. "Retrospective commentary" **Harvard Business Review**, 51 (mayo-junio): 166-168.

Terman, Lewis M. 1904. "A preliminary study of the psychology and pedagogy of leadership". **Pedagogical Seminary,** 11. 413-451.

Vroom, Victor H. y Arthur G. Jago. 1988. **The New Leadership: Managing Particiaption in Organizations.** Englewoodcliffs, NJ: Prentice-Hall.

Vroom, Victor H. y Yetton, Phillip W. 1973. **Leadership and decision making.** Pittsburgh: University of Pittsburgh Press.

Weber, Max. 1922. "Die Typen der Herrschaft" **Wirtschaft und Gesellschaft.** Tübingen: Verlag von J.C.B.Mohr (Paul Siebeck).

Weber, Max. 1944. **Economía y sociedad.** México: Fondo de Cultura Económica.

Zaccaro, Stephen J. 2007. "Trait-based perspectives of leadership". **American Psychologist**, 62: 6–16.

Zand, Dale E. 1997. **The Leadership Triad.** Nueva York: Oxford University Press.

Zalesnick, Abraham. 1977. "Managers and Leaders: Are they Different?" **Harvard Business Review** 55 (mayo-junio):67-78.

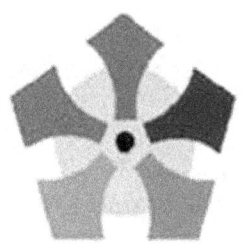

Liderazgo absoluto:
Ruptura y renovación de premisas y de prácticas
de Mariano Ortega
se acabó de imprimir el
20 de julio de 2018

www.ingramcontent.com/pod-product-compliance
Lightning Source LLC
Chambersburg PA
CBHW050101230526
45470CB00004B/1621